Todos los libros de Linkgua Ediciones cuentan con modelos de Inteligencia Artificial entrenados por hispanistas. Pregúntale al chat de tu libro lo que desees acerca de la obra o su autor/a.

Para ebooks: Accede a nuestro modelo de IA a través de este enlace.

Para libros impresos: Escanea el código QR de la portada con tu dispositivo móvil.

Obtén análisis detallados de nuestros libros, resúmenes, respuestas a tus preguntas y accede a nuestras ediciones críticas generativas para una experiencia de lectura más enriquecedora.
La transparencia y el respeto hacia la autoría de las fuentes utilizadas son distintivos básicos de nuestro proyecto. Por ello, las respuestas ofrecen, mediante un sistema de citas, las fuentes con las que han sido elaboradas.

José Ingenieros

El hombre mediocre

Barcelona 2024
Linkgua-ediciones.com

Créditos

Título original: El hombre mediocre.

© 2024, Red ediciones S. L.

e-mail: info@linkgua.com

Diseño de cubierta: Michel Mallard.

ISBN rústica ilustrada: 978-84-9953-095-6.
ISBN tapa dura: 978-84-1126-426-6.
ISBN ebook: 978-84-9953-921-8.

Sumario

Brevísima presentación

La vida

José Ingenieros (1877, Palermo (Italia)-1925, Buenos Aires) Su nombre original era Giuseppe Ingegneri. Fue médico, psiquiatra, psicólogo, farmacéutico, escritor, docente, filósofo y sociólogo.

En 1892, tras terminar sus estudios secundarios, fundó el periódico *La Reforma*. Hacia 1893, estudió en la Facultad de Medicina de Buenos Aires, de la que se graduó en 1897 de farmacéutico y en 1900 de médico.

Ingenieros fue un miembro relevante de la Cátedra de Neurología y del Servicio de Observación de Alienados de la Policía de la Capital, el cual llegó a dirigir.

Entre 1902-1913 dirigió los archivos de Psiquiatría y Criminología y se hizo cargo del Instituto de Criminología de la Penitenciaría Nacional de Buenos Aires, alternando su trabajo con conferencias en universidades europeas.

En 1908 ocupó la Cátedra de Psicología Experimental en la Facultad de Filosofía y Letras de la Universidad de Buenos Aires. Ese año fundó la Sociedad de Psicología.

Ingenieros terminó sus estudios en las universidades de París, Ginebra, Lausana y Heidelberg. Sus ensayos sociológicos *El hombre mediocre* y sus ensayos críticos y políticos, *Hacia una moral sin dogmas*, y *Las fuerzas morales* tuvieron un gran influencia en el ámbito universitario de Argentina.

En 1914 José Ingenieros se casó con Eva Rutenberg en Lausana, Suiza. Tuvieron cuatro hijos, Delia, Amalia, Julio y Cecilia.

Hacia 1919 renunció a todos los cargos docentes y comenzó hacia 1920 su etapa política, participando de manera activa en favor del grupo Claridad, de tendencia comunista.

Unos años después propuso la formación de la Unión Latinoamericana, una organización que difundió sus ideas antiimperialistas.

En 1925, poco antes de morir fundó la revista *Renovación*, en la que escribió con los pseudónimos de Julio Barreda Lynch y de Raúl H. Cisneros.

Ingenieros se distanció del socialismo de Estado y empezó a colaborar con periódicos anarquistas, varias de sus obras literarias reflejan este acercamiento. Murió el 31 de octubre de 1925, a los cuarenta y ocho años.

El presente volumen lo integran las lecciones sobre psicología del carácter que dio Ingenieros en la cátedra de la Facultad de Filosofía y Letras de Buenos Aires durante el año 1910. En ellas se proponía comprender cómo funcionan las sociedades humanas, y para ello establecía y describía tres tipos o caracteres que según él era posible reconocer en cualquier comunidad de seres humanos: el idealista, el hombre mediocre y el inferior. Ingenieros no ocultaba su admiración hacia el primer tipo pero, más allá de los juicios morales, hacía el esfuerzo de entender en clave psicológica las particularidades de cada tipo y su función específica en nuestras sociedades. Así, dedicaba una parte importante de la obra al segundo tipo, el hombre mediocre, porque él constituye el grueso de las sociedades: «¿La continuidad de la vida social sería posible sin esa compacta masa de hombres puramente imitativos, capaces de conservar los hábitos rutinarios que la sociedad les transfunde mediante la educación? El mediocre no inventa nada, no crea, no empuja, no rompe, no engendra; pero, en cambio, custodia celosamente la armazón de automatismos y prejuicios y dogmas acumulados durante siglos, defendiendo ese capital común contra la asechanza de los inadaptables. Su rencor a los creadores compénsase por su resistencia a los destructores».

Advertencia

Forman el presente volumen las lecciones sobre psicología del carácter, profesadas por el autor en su cátedra de la Facultad de Filosofía y Letras (curso 1910). En ese y el siguiente año, con excepción de pocos fragmentos complementarios, fueron publicadas en «La Nación», de Buenos Aires, y reunidas después en los «Archivos de Psiquiatría y Criminología» (1911). Reordenadas las partes y corregida la forma, apareció el todo en la Biblioteca «Renacimiento» (Madrid, enero de 1913, diez mil ejemplares); con ligeras correcciones se reimprimió la segunda edición (abril de 1913), de igual tiraje. La «Biblioteca Ariel» y la «Colección Sarmiento» han reeditado la Introducción en folleto («La moral de los idealistas», San José de Costa Rica, 1914, y Barcelona, 1917).

La presente edición es copia fiel de la tercera completa, que ha sido objeto de nuevas y mayores correcciones: en la ordenación de los capítulos, en la denominación de sus partes y en la forma. Responden ellas al objeto de aumentar su claridad, especialmente en lo que constituye su doctrina moral, tornándola más accesible a los jóvenes comprensivos e ilustrados para quienes fueron dichas las lecciones.

El autor de este libro se propuso estigmatizar las funestas lacras morales que se llaman rutina e hipocresía y servilismo, deseando ser útil a los jóvenes que, estando en edad propicia para evitarlas, puedan formarse ideales y ennoblecer su vida; tiene ya sobradas muestras de que su esfuerzo no fue estéril. Pero más que en la eficacia de su palabra, ha creído en la de su ejemplo; desde que pronunció en la cátedra estas lecciones terminando su «carrera» exterior a una edad en que otros se preparan a comenzarla, —ha vivido conforme a sus corolarios, renunciando a beneficiarse de complicidades y costumbres que considera nocivas. Se ha dicho, con rigurosa verdad, que los más despreciables sujetos son los predicadores de moral que no ajustan su conducta a sus palabras. Sabe el autor que muy pocos moralistas podrían escribir esto mismo sin que les temblara el pulso.

Aunque el lenguaje del libro suele apartarse de la disciplina científica del autor, ha sido, para éste, una admonición permanente para vivir conforme a los principios de la moral estoica, que tiene por mejores. Mirando la dignidad en la cima de las virtudes humanas ha puesto creciente empeño en la conquista de su personalidad interior, por el trabajo y por el estudio, fuentes de libertad y de optimismo. Como escritor, prefiere un solo convencido a cien admiradores literarios; sería feliz si algún joven, por la lectura de estas páginas, se propusiera ser, simplemente, el más virtuoso de sus contemporáneos.

Enero, 1917

Introducción. La moral de los idealistas

I. La emoción del ideal

Cuando pones la proa visionaria hacia una estrella y tiendes el ala hacia tal excelsitud inasible, afanoso de perfección y rebelde a la mediocridad, llevas en ti el resorte misterioso de un Ideal. Es ascua sagrada, capaz de templarte para grandes acciones. Custódiala; si la dejas apagar no se reenciende jamás. Y si ella muere en ti, quedas inerte: fría bazofia humana. Solo vives por esa partícula de ensueño que te sobrepone a lo real. Ella es el lis de tu blasón, el penacho de tu temperamento. Innumerables signos la revelan: cuando se te anuda la garganta al recordar la cicuta impuesta a Sócrates, la cruz izada para Cristo y la hoguera encendida a Bruno; cuando te abstraes en lo infinito leyendo un diálogo de Platón, un ensayo de Montaigne o un discurso de Helvecio; de esas pasiones en que fuiste, alternativamente, el Romeo de tal Julieta y el Werther de tal Carlota; cuando tus sienes se hielan de emoción al declamar una estrofa de Musset que rima acorde con tu sentir; y cuando, en suma, admiras la mente preclara de los genios, la sublime virtud de los santos, la magna gesta de los héroes, inclinándote con igual veneración ante los creadores de Verdad o de Belleza.

Todos no se extasían, como tú, ante un crepúsculo, no sueñan frente a una aurora o cimbran en una tempestad; ni gustan de pasear con Dante, reír con Molière, temblar con Shakespeare, crujir con Wagner; ni enmudecer ante el David, la Cena o el Partenón. Es de pocos esa inquietud de perseguir ávidamente alguna quimera, venerando a filósofos, artistas y pensadores que fundieron en síntesis supremas sus visiones del ser y de la eternidad, volando más allá de lo real. Los seres de tu estirpe, cuya imaginación se puebla de ideales y cuyo sentimiento polariza hacia ellos la personalidad entera, forman raza aparte en la humanidad: son idealistas.

Definiendo su propia emoción, podría decir quien se sintiera poeta: el Ideal es un gesto del espíritu hacia alguna perfección.

II. De un idealismo fundado en experiencia

Los filósofos del porvenir, para aproximarse a formas de expresión cada vez menos inexactas, dejarán a los poetas el hermoso privilegio del lenguaje figurado; y los sistemas futuros, desprendiéndose de añejos residuos místicos y dialécticos, irán poniendo la Experiencia como fundamento de toda hipótesis legítima.

No es arriesgado pensar que en la ética venidera florecerá un idealismo moral, independiente de dogmas religiosos y de apriorismos metafísicos: los ideales de perfección, fundados en la experiencia social y evolutivos como ella misma, constituirán la íntima trabazón de una doctrina de la perfectibilidad indefinida, propicia a todas las posibilidades de enaltecimiento humano.

Un ideal no es una fórmula muerta, sino una hipótesis perfectible; para que sirva, debe ser concebido así, actuante en función de la vida social que incesantemente deviene. La imaginación, partiendo de la experiencia, anticipa juicios acerca de futuros perfeccionamientos: los ideales, entre todas las creencias, representan el resultado más alto de la función de pensar.

La evolución humana es un esfuerzo continuo del hombre para adaptarse a la naturaleza, que evoluciona a su vez. Para ello necesita conocer la realidad ambiente y prever el sentido de las propias adaptaciones: los caminos de su perfección. Sus etapas refléjanse en la mente humana como ideales. Un hombre, un grupo o una raza son idealistas porque circunstancias propicias determinan su imaginación a concebir perfeccionamientos posibles.

Los ideales son formaciones naturales. Aparecen cuando la función de pensar alcanza tal desarrollo que la imaginación puede anticiparse a la experiencia. No son entidades misteriosamente infundidas en los hombres, ni nacen del azar. Se forman como todos los fenómenos accesibles a nuestra observación. Son efectos de causas, accidentes en la evolución universal investigada por las ciencias y resumidas por las filosofías. Y es fácil explicarlo, si se comprende. Nuestro sistema solar es un punto en el cosmos; en ese punto es un simple detalle el planeta que habitamos; en ese detalle la vida es un transitorio equilibrio químico de la superficie; entre las complicaciones de ese equilibrio viviente la especie humana data de un período brevísimo; en el hombre se desarrolla la función de pensar como un perfeccionamiento de la adaptación al medio; uno de sus modos es la imaginación que permite generalizar los datos de la experiencia, anticipando sus resultados posibles y abstrayendo de ella ideales de perfección.

Así la filosofía del porvenir, en vez de negarlos, permitirá afirmar su realidad como aspectos legítimos de la función de pensar y los reintegrará en la concepción natural del universo. Un ideal es un punto y un momento entre los infinitos posibles que pueblan el espacio y el tiempo.

Evolucionar es variar. En la evolución humana el pensamiento varía incesantemente. Toda variación es adquirida por temperamentos predispuestos; las variaciones útiles tienden a conservarse. La experiencia determina la formación natural de conceptos genéricos, cada vez más sintéticos; la imaginación abstrae de éstos ciertos caracteres comunes, elaborando ideas generales que pueden ser hipótesis acerca del incesante devenir: así se forman los ideales que, para el hombre, son normativos de la conducta en consonancia con sus hipótesis. Ellos no son apriorísticos, sino inducidos de una vasta experiencia; sobre ella se empina la imaginación para prever el sentido en que varía la humanidad. Todo ideal representa un nuevo estado de equilibrio entre el pasado y el porvenir.

Los ideales pueden no ser verdades; son creencias. Su fuerza estriba en sus elementos efectivos: influyen sobre nuestra conducta en la medida en que lo creemos. Por eso la representación abstracta de las variaciones futuras adquiere un valor moral: las más provechosas a la especie son concebidas como perfeccionamientos. Lo futuro se identifica con lo perfecto. Y los ideales, por ser visiones anticipadas de lo venidero, influyen sobre la conducta y con el instrumento natural de todo progreso humano.

Mientras la instrucción se limita a extender las nociones que la experiencia actual considera más exactas, la educación consiste en sugerir los ideales que se presumen propicios a la perfección.

El concepto de lo mejor es un resultado natural de la evolución misma. La vida tiende naturalmente a perfeccionarse. Aristóteles enseñaba que la actividad es un movimiento del ser hacia la propia «entelequia»: su estado de perfección. Todo lo que existe persigue su entelequia, y esa tendencia se refleja en todas las otras funciones del espíritu; la formación de ideales está sometida a un determinismo, que, por ser complejo, no es menos absoluto. No son obra de una libertad que escapa a las leyes de todo lo universal, ni productos de una razón pura que nadie conoce. Son creencias aproximativas acerca de la perfección venidera. Lo futuro es lo mejor de lo presente, puesto que sobreviene en la selección natural: los ideales son un «élan» hacia lo mejor, en cuanto simples anticipaciones del devenir.

A medida que la experiencia humana se amplía, observando la realidad, los ideales son modificados por la imaginación, que es plástica y no reposa jamás. Experiencia e imaginación siguen vías paralelas, aunque va muy retardada aquélla respecto de ésta. La hipótesis vuela, el hecho camina; a veces el ala rumbea mal, el pie pisa siempre en firme; pero el vuelo puede rectificarse, mientras el paso no puede volar nunca.

La imaginación es madre de toda originalidad; deformando lo real hacia su perfección, ella crea los ideales y les da impulso con el ilusorio sentimiento de la libertad: el libre albedrío es un error útil para la gestación de los ideales. Por eso tiene, prácticamente, el valor de una realidad. Demostrar que es una simple ilusión, debida a la ignorancia de causas innúmeras, no implica negar su eficacia. Las ilusiones tienen tanto valor para dirigir la conducta, como las verdades más exactas; puede tener más que ellas, si son intensamente pensadas o sentidas. El deseo de ser libre nace del contraste entre dos móviles irreductibles: la tendencia a perseverar en el ser, implicada en la herencia, y la tendencia a aumentar el ser, implicada en la variación. La una es principio de estabilidad, la otra de progreso.

En todo ideal, sea cual fuere el orden a cuyo perfeccionamiento tienda, hay un principio de síntesis y de continuidad: «es una idea fija o una emoción fija». Como propulsores de la actividad humana, se equivalen y se implican recíprocamente, aunque en la primera predomina el razonamiento y en la segunda la pasión. «Ese principio de unidad, centro de atracción y punto de apoyo de todo trabajo de la imaginación creadora, es decir, de una síntesis subjetiva que tiende a objetivarse, es el ideal» dijo Ribot. La imaginación despoja a la realidad de todo lo malo y la adorna con todo lo bueno, depurando la experiencia, cristalizándola en los moldes de perfección que concibe más puros. Los ideales son, por ende, reconstrucciones imaginativas de la realidad que deviene.

Son siempre individuales. Un ideal colectivo es la coincidencia de muchos individuos en un mismo afán de perfección. No es que una idea los acomune, sino que análoga manera de sentir y de pensar convergen hacia un «ideal» común a todos ellos. Cada era, siglo o generación puede tener su ideal; suele ser patrimonio de una selecta minoría, cuyo esfuerzo consigue imponerlo a las generaciones siguientes. Cada ideal puede encarnarse en un genio; al principio, mientras él lo define o lo plasma, solo es comprendido por el pequeño núcleo de espíritus sensibles al ritmo de la nueva creencia.

El concepto abstracto de una perfección posible toma su fuerza de la Verdad que los hombres le atribuyen: todo ideal es una fe en la posibilidad misma de la perfección. En su protesta involuntaria contra lo malo se revela siempre una indestructible esperanza de lo mejor; en su agresión al pasado fermenta una sana levadura de porvenir.

No es un fin, sino un camino. Es relativo siempre, como toda creencia. La intensidad con que tiende a realizarse no depende de su verdad efectiva sino de la que se le atribuye. Aun cuando interpreta erróneamente la perfección venidera, es ideal para quien cree sinceramente en su verdad o su excelsitud.

Reducir el idealismo a un dogma de escuela metafísica equivale a castrarlo; llamar idealismo a las fantasías de mentes enfermizas o ignorantes, que creen sublimizar así su incapacidad de vivir y de ilustrarse, es una de tantas ligerezas alentadas por los espíritus palabristas. Los más vulgares diccionarios filosóficos sospechan este embrollo deliberado: «Idealismo: palabra muy vaga que no debe emplearse sin explicarla».

Hay tantos idealismos como ideales; y tantos ideales como idealistas y tantos idealistas como hombres aptos para concebir perfecciones y capaces de vivir hacia ellas. Debe rehusarse el monopolio de los ideales y cuantos lo reclaman en nombre de escuelas filosóficas, sistema de moral, credos de religión, fanatismo de secta o dogma de estética.

El «idealismo» no es privilegio de las doctrinas espiritualistas que desearían oponerlo al «materialismo», llamando así, despectivamente, a todas las demás; ese equívoco, tan explotado por los enemigos de las Ciencias —tenidas justamente como hontanares de Verdad y de Libertad—, se duplica al sugerir que la materia es la antítesis de la idea, después de confundir al ideal con la idea y a ésta con el espíritu, como entidad trascendente y ajena al mundo real. Se trata, visiblemente, de un juego de palabras, secularmente repetido por sus beneficiarios, que transportan a las doctrinas filosóficas el sentido que tienen los vocablos idealismo y materialismo en el orden moral. El anhelo de perfección en el conocimiento de la Verdad puede animar con igual ímpetu al filósofo monista y al dualista, al teólogo y al ateo, al estoico y al pragmatista. El particular ideal de cada uno concurre al ritmo total de la perfección posible, antes que obstar al esfuerzo similar de los demás.

Y es más estrecha, aún, la tendencia a confundir el idealismo, que se refiere a los ideales, con las tendencias metafísicas que así se denominan porque consideran a las «ideas» más reales que la realidad misma, o presuponen que ellas son la realidad única, forjada por nuestra mente, como en el sistema hegeliano. «Ideólogos» no puede ser sinónimo de «idealistas», aunque el mal uso induzca a creerlo.

No podríamos restringirlo al pretendido idealismo de ciertas escuelas estéticas, porque todas las maneras del naturalismo y del realismo pueden constituir un ideal de arte, cuando sus sacerdotes son Miguel Ángel, Ticiano, Flaubert o Wagner; el esfuerzo imaginativo de los que persiguen una ideal armonía de ritmos, de colores, de líneas o de sonidos, se equivale, siempre que su obra transparente un modo de belleza o una original personalidad.

No le confundiremos, en fin, con cierto idealismo ético que tiende a monopolizar el culto de la perfección en favor de alguno de los fanatismos religiosos predominantes en cada época, pues sobre no existir un único e inevitable. Bien ideal, difícilmente cabría en los catecismos para mentes obtusas. El esfuerzo individual hacia la virtud puede ser tan magníficamente concebido y realizado por el peripatético como por el cirenaico, por el cristiano como por el anarquista, por el filántropo como por el epicúreo, pues todas las teorías filosóficas son igualmente incompatibles con la aspiración individual hacia el perfeccionamiento humano. Todos ellos pueden ser idealistas, si saben iluminarse en su doctrina; y en todas las doctrinas pueden cobijarse dignos y buscavidas, virtuosos y sin vergüenza. El anhelo y la posibilidad de la perfección no es patrimonio de ningún credo: recuerda el agua de aquella fuente, citada por Platón, que no podía contenerse en ningún vaso.

La experiencia, solo ella, decide sobre la legitimidad de los ideales, en cada tiempo y lugar. En el curso de la vida social se seleccionan naturalmente; sobreviven los más adaptados, los que mejor prevén el sentido de la evolución; es decir, los coincidentes con el perfeccionamiento efectivo. Mientras la experiencia no da su fallo, todo ideal es respetable, aunque parezca absurdo. Y es útil por su fuerza de contraste; si es falso muere solo, no daña. Todo ideal, por ser una creencia, puede contener una parte de error, o serlo totalmente; es una visión remota y, por lo tanto, expuesta a ser inexacta. Lo único malo es carecer de ideales y esclavizarse a las contingencias de la vida práctica inmediata, renunciando a la posibilidad de la perfección moral.

Cuando un filósofo enuncia ideales, para el hombre o para la sociedad, su comprensión inmediata es tanto más difícil cuanto más se elevan sobre los prejuicios y el palabrismo convencionales en el ambiente que le rodea; lo mismo ocurre con la verdad del sabio y con el estilo del poeta. La sanción ajena es fácil para lo que concuerda con rutinas secularmente practicadas; es difícil cuando la imaginación no pone mayor originalidad en el concepto o en la forma.

Ese desequilibrio entre la perfección concebible y la realidad practicable, estriba en la naturaleza misma de la imaginación, rebelde al tiempo y al espacio. De ese contraste legítimo no se infiere que los ideales lógicos, estéticos o morales deban ser contradictorios entre sí, aunque sean heterogéneos y marquen el paso a desigual compás, según los tiempos: no hay una Verdad amoral o fea, ni fue nunca la Belleza absurda o nociva, ni tuvo el Bien sus raíces en el error o la desarmonía. De otro modo concebiríamos perfecciones imperfectas.

Los caminos de perfección son convergentes. Las formas infinitas del ideal son complementarias: jamás contradictorias, aunque lo parezca. Si el ideal de la ciencia es la Verdad, de la moral el Bien y del arte la Belleza, formas preeminentes de toda excelsitud, no se concibe que puedan ser antagonistas.

Los ideales están en perpetuo devenir, como las formas de la realidad a que se anticipan. La imaginación los construye observando la naturaleza, como un resultado de la experiencia; pero una vez formados ya no están en ella, son anticipaciones de ella, viven sobre ella para señalar su futuro. Y cuando la realidad evoluciona hacia un ideal antes previsto, la imaginación se aparta nuevamente de la realidad, aleja de ella al ideal, proporcionalmente. La realidad nunca puede igualar al ensueño en esa perpetua persecución de la quimera. El ideal es un límite: toda realidad es una «dimensión variable» que puede acercársele indefinidamente, sin alcanzarlo nunca. Por mucho que lo «variable» se acerque a su «límite», se concibe que podría acercársele más; solo se confunden en el infinito.

Todo ideal es siempre relativo a una imperfecta realidad presente. No los hay absolutos. Afirmarlo implicaría abjurar de su esencia misma, negando la posibilidad infinita de la perfección. Erraban los viejos moralistas al creer que en el punto donde estaba su espíritu en ese momento, convergían todo el espacio y todo el tiempo; para la ética moderna, libre de esa grave falacia, la relatividad de los ideales es un postulado fundamental. Solo poseen un carácter común: su permanente transformación hacia perfeccionamientos ilimitados.

Es propia de gentes primitivas toda moral cimentada en supersticiones y dogmatismos. Y es contraria a todo idealismo, excluyente de todo ideal. En cada momento y lugar la realidad varía; con esa variación se desplaza el punto de referencia de los ideales. Nacen y mueren, convergen o se excluyen, palidecen o se acentúan; son, también ellos, vivientes como los cerebros en que germinan o arraigan, en un proceso sin fin. No habiendo un esquema final e insuperable de perfección, tampoco lo hay de los ideales humanos. Se forman por cambio incesante; evolucionan siempre; su palingenesia es eterna.

Esa evolución de los ideales no sigue un ritmo uniforme en el curso de la vida social o individual. Hay climas morales, horas, momentos, en que toda una raza, un pueblo, una clase, un partido, una secta concibe un ideal y se esfuerza por realizarlo. Y los hay en la evolución de cada hombre, aisladamente considerado.

Hay también climas, horas y momentos en que los ideales se murmuran apenas o se callan: la realidad ofrece inmediatas satisfacciones a los apetitos y la tentación del hartazgo ahoga todo afán de perfección.

Cada época tiene ciertos ideales que presienten mejor el porvenir, entrevistos por pocos, seguidos por el pueblo o ahogados por su indiferencia, ora predestinados a orientarlo como polos magnéticos, ora a quedar latentes hasta encontrar la gloria en momento y clima propicio. Y otros ideales mueren, porque son creencias falsas: ilusiones que el hombre se forja acerca de sí mismo o quimeras verbales que los ignorantes persiguen dando manotadas en la sombra.

Sin ideales sería inexplicable la evolución humana. Los hubo y los habrá siempre. Palpitan detrás de todo esfuerzo magnífico realizado por un hombre o por un pueblo. Son faros sucesivos en la evolución mental de los individuos y de las razas. La imaginación los enciende sobrepasando continuamente a la experiencia, anticipándose a sus resultados. Ésa es la ley del devenir humano: los acontecimientos, yermos de suyo para la mente humana, reciben vida y calor de los ideales, sin cuya influencia yacerían inertes y los siglos serían mudos.

Los hechos son puntos de partida; los ideales son faros luminosos que de trecho en trecho alumbran la ruta. La historia de la civilización muestra una infinita inquietud de perfecciones, que grandes hombres presienten, anuncian o simbolizan. Frente a esos heraldos, en cada momento de la peregrinación humana se advierte una fuerza que obstruye todos los senderos: la mediocridad, que es una incapacidad de ideales.

Así concebido, conviene reintegrar el idealismo en toda futura filosofía científica. Acaso parezca extraño a los que usan palabras sin definir su sentido y a los que temen complicarse en las logomaquias de los verbalistas.

Definido con claridad, separado de sus malezas seculares, será siempre el privilegio de cuantos hombres honran, por sus virtudes, a la especie humana. Como doctrina de la perfectibilidad, superior a toda afirmación dogmática, el idealismo ganará, ciertamente. Tergiversado por los miopes y los fanáticos, se rebaja. Yerran los que miran al pasado, poniendo el rumbo hacia prejuicios muertos y vistiendo al idealismo con andrajos que son su mortaja; los ideales viven de la Verdad, que se va haciendo; ni puede ser vital ninguno que lo contradiga en su punto del tiempo. Es ceguera oponer la imaginación de lo futuro a la experiencia de lo presente, el Ideal a la Verdad, como si conviniera apagar las luces del camino para no desviarse de la meta. Es falso; la imaginación y la experiencia van de la mano. Solas, no andan.

Al idealismo dogmático que los antiguos metafísicos pusieron en las «ideas» absolutas y apriorísticas, oponemos un idealismo experimental que se refiere a los «ideales» de perfección, incesantemente renovados, plásticos, evolutivos como la vida misma.

III. Los temperamentos idealistas

Ningún Dante podría elevar a Gil Blas, Sancho y Tartufo hasta el rincón de su paraíso donde moran Cyrano, Quijote y Stockmann. Son dos mundos morales, dos razas, dos temperamentos: Sombras y Hombres. Seres desiguales no pueden pensar de igual manera. Siempre habrá evidente contraste entre el servilismo y la dignidad, la torpeza y el genio, la hipocresía y la virtud. La imaginación dará a unos el impulso original hacia lo perfecto; la imitación organizará en otros los hábitos colectivos. Siempre habrá, por fuerza, idealistas y mediocres.

El perfeccionamiento humano se efectúa con ritmo diverso en las sociedades y en los individuos. Los más poseen una experiencia sumisa al pasado: rutinas, prejuicios, domesticidades. Pocos elegidos varían, avanzando sobre el porvenir; al revés de Anteo, que tocando el suelo cobraba alientos nuevos, los toman clavando sus pupilas en las constelaciones lejanas y de apariencia inaccesible. Esos hombres, predispuestos a emanciparse de su rebaño, buscando alguna perfección más allá de lo actual, son los «idealistas». La unidad del género no depende del contenido intrínseco de sus ideales sino de su temperamento: se es idealista persiguiendo las quimeras más contradictorias, siempre que ellas impliquen un sincero afán de enaltecimiento. Cualquiera. Los espíritus afiebrados por algún ideal son adversarios de la mediocridad: soñadores contra los utilitarios, entusiastas contra los apáticos, generosos contra los calculistas, indisciplinados contra los dogmáticos. Son alguien o algo contra los que no son nadie ni nada.

Todo idealista es un hombre cualitativo: posee un sentido de las diferencias que le permite distinguir entre lo malo que observa, y lo mejor que imagina. Los hombres sin ideales son cuantitativos; pueden apreciar el más y el menos, pero nunca distinguen lo mejor de lo peor.

Sin ideales sería inconcebible el progreso. El culto del «hombre práctico», limitado a las contingencias del presente, importa un renunciar a toda imperfección. El hábito organiza la rutina y nada crea hacia el porvenir; solo de los imaginativos espera la ciencia sus hipótesis, el arte su vuelo, la moral sus ejemplos, la historia sus páginas luminosas. Son la parte viva y dinámica de la humanidad; los prácticos no han hecho más que aprovecharse de su esfuerzo, vegetando en la sombra. Todo porvenir ha sido una creación de los hombres capaces de presentirlo, concretándolo en infinita sucesión de ideales. Más ha hecho la imaginación construyendo sin tregua, que el cálculo destruyendo sin descanso. La excesiva prudencia de los mediocres ha paralizado siempre las iniciativas más fecundas. Y no quiere esto decir que la imaginación excluya la experiencia: ésta es útil, pero sin aquélla es estéril. Los idealistas aspiran a conjugar en su mente la inspiración y la sabiduría; por eso, con frecuencia, viven trabados por su espíritu crítico cuando los caldea una emoción lírica y ésta les nubla la vista cuando observan la realidad. Del equilibrio entre la inspiración y la sabiduría nace el genio. En las grandes horas de una raza o de un hombre, la inspiración es indispensable para crear; esa chispa se enciende en la imaginación y la experiencia la convierte en hoguera. Todo idealismo es, por eso, un afán de cultura intensa: cuenta entre sus enemigos más audaces a la ignorancia, madrastra de obstinadas rutinas.

La humanidad no llega hasta donde quieren los idealistas en cada perfección particular; pero siempre llega más allá de donde habría ido sin su esfuerzo. Un objetivo que huye ante ellos se convierte en estímulo para perseguir nuevas quimeras. Lo poco que pueden todos, depende de lo mucho que algunos anhelan. La humanidad no poseería sus bienes presentes si algunos idealistas no los hubieran conquistado viviendo con la obsesiva aspiración de otros mejores.

En la evolución humana, los ideales se mantienen en equilibrio inestable. Todo mejoramiento real es precedido por conatos y tanteos de pensadores audaces, puestos en tensión hacia él, rebeldes al pasado, aunque sin la intensidad necesaria para violentarlo; esa lucha es un reflujo perpetuo entre lo más concebido y lo menos realizado. Por eso los idealistas son forzosamente inquietos, como todo lo que vive, como la vida misma; contra la tendencia apacible de los rutinarios, cuya estabilidad parece inercia de muerte. Esa inquietud se exacerba en los grandes hombres, en los genios mismos si el medio es hostil a sus quimeras, como es frecuente. No agita a los hombres sin ideales, informe argamasa de humanidad.

Toda juventud es inquieta. El impulso hacia lo mejor solo puede esperarse de ella: jamás de los enmohecidos y de los seniles. Y solo es juventud la sana e iluminada, la que mira al frente y no a la espalda; nunca los decrépitos de pocos años, prematuramente domesticados por las supersticiones del pasado: lo que en ellos parece primavera es tibieza otoñal, ilusión de aurora que es ya un apagamiento de crepúsculo. Solo hay juventud en los que trabajan con entusiasmo para el porvenir; por eso en los caracteres excelentes puede persistir sobre el apeñuscarse de los años.

Nada cabe esperar de los hombres que entran a la vida sin afiebrarse por algún ideal; a los que nunca fueron jóvenes, paréceles descarriado todo ensueño. Y no se nace joven: hay que adquirir la juventud. Y sin un ideal no se adquiere.

Los idealistas suelen ser esquivos o rebeldes a los dogmatismos sociales que los oprimen. Resisten la tiranía del engranaje nivelador, aborrecen toda coacción, sienten el peso de los honores con que se intenta domesticarlos y hacerlos cómplices de los intereses creados, dóciles maleables, solidarios, uniformes en la común mediocridad. Las fuerzas conservadoras que componen el subsuelo social pretenden amalgamar a los individuos, decapitándolos; detestan las diferencias, aborrecen las excepciones, anatematizan al que se aparta en busca de su propia personalidad. El original, el imaginativo, el creador no teme sus odios: los desafía, aun sabiéndolos terribles porque son irresponsables. Por eso todo idealista es una viviente afirmación del individualismo, aunque persiga una quimera social; puede vivir para los demás, nunca de los demás. Su independencia es una reacción hostil a todos los dogmáticos. Concibiéndose incesantemente perfectibles, los temperamentos idealistas quieren decir en todos los momentos de su vida, como Don Quijote: «yo sé quién soy». Viven animados de ese afán afirmativo. En sus ideales cifran su ventura suprema y su perpetua desdicha. En ellos caldean la pasión que anima su fe; esta, al estrellarse contra la realidad social, puede parecer desprecio, aislamiento, misantropía: la clásica «torre de marfil» reprochada a cuantos se erizan al contacto de los obtusos. Diríase que de ellos dejó escrita una eterna imagen Teresa de Ávila: «Gusanos de seda somos, gusanillos que hilamos la seda de nuestras vidas y en el capullito de la seda nos encerramos para que el gusano muera y del capullo salga volando la mariposa».

Todo idealismo es exagerado, necesita serlo. Y debe ser cálido su idioma, como si desbordara la personalidad sobre lo impersonal; el pensamiento sin calor es muerto, frío, carece de estilo, no tiene firma. Jamás fueron tibios los genios, los santos y los héroes. Para crear una partícula de Verdad, de Virtud o de Belleza, se requiere un esfuerzo original y violento contra alguna rutina o prejuicio; como para dar una lección de dignidad hay que desgoznar algún servilismo. Todo ideal es, instintivamente, extremoso; debe serlo a sabiendas, si es menester, pues pronto se rebaja al refractarse en la mediocridad de los más. Frente a los hipócritas que mienten con viles objetivos, la exageración de los idealistas es, apenas, una verdad apasionada. La pasión es su atributo necesario, aun cuando parezca desviar de la verdad; lleva a la hipérbole, al error mismo; a la mentira nunca. Ningún ideal es falso para quien lo profesa: lo cree verdadero y coopera a su advenimiento, con fe, con desinterés. El sabio busca la Verdad por buscarla y goza arrancando a la naturaleza secretos para él inútiles o peligrosos. Y el artista busca también la suya, porque la Belleza es una verdad animada por la imaginación, más que por la experiencia. Y el moralista la persigue en el Bien, que es una recta lealtad de la conducta para consigo mismo y para con los demás. Tener un ideal es servir a su propia Verdad Siempre.

Algunos ideales se revelan como pasión combativa y otros como pertinaz obsesión; de igual manera distínguense dos tipos de idealistas, según predomine en ellos el corazón o el cerebro. El idealismo sentimental es romántico: la imaginación no es inhibida por la crítica y los ideales viven de sentimiento. En el idealismo experimental los ritmos afectivos son encarrilados por la experiencia y la crítica coordina la imaginación: los ideales tórnanse reflexivos y serenos. Corresponde el uno a la juventud y el otro a la madurez. El primero es adolescente, crece, puja y lucha; el segundo es adulto, se fija, resiste, vence.

El idealista perfecto sería romántico a los veinte años y estoico a los cincuenta; es tan anormal el estoicismo en la juventud como el romanticismo en la edad madura. Lo que al principio enciende su pasión, debe cristalizarse después en suprema dignidad: ésa es la lógica de su temperamento.

IV. El idealismo romántico

Los idealistas románticos son exagerados porque son insaciables. Sueñan lo más para realizar lo menos; comprenden que todos los ideales contienen una partícula de utopía y pierden algo al realizarse: de razas o de individuos, nunca se integran como se piensan. En pocas cosas el hombre puede llegar al Ideal que la imaginación señala: su gloria está en marchar hacia él, siempre inalcanzado e inalcanzable. Después de iluminar su espíritu con todos los resplandores de la cultura humana, Goethe muere pidiendo más luz; y Musset quiere amar incesantemente después de haber amado, ofreciendo su vida por una caricia y su genio por un beso. Todos los románticos parecen preguntarse, con el poeta: «¿Por qué no es infinito el poder humano, como el deseo?». Tienen una curiosidad de mil ojos, siempre atenta para no perder la más imperceptible titilación del mundo que la solicita. Su sensibilidad es aguda, plural, caprichosa, artista, como si los nervios hubieran centuplicado su impresionabilidad. Su gesto sigue prontamente el camino de las nativas inclinaciones: entre diez partidos adoptan aquel subrayado por el latir más intenso de su corazón. Son dionisiacos. Sus aspiraciones se traducen por esfuerzos activos sobre el medio social o por una hostilidad contra todo lo que se opone a sus corazonadas y ensueños. Construyen sus ideales sin conceder nada a la realidad, rehusándose al contralor de la experiencia, agrediéndola si ella los contraría. Son ingenuos y sensibles, fáciles de conmoverse, accesibles al entusiasmo y a la ternura; con esa ingenuidad sin doblez que los hombres prácticos ignoran. Un minuto les basta para decidir de toda una vida. Su idea cristaliza en firmezas inequívocas cuando la realidad los hiere con más saña.

Todo romántico está por Don Quijote contra Sancho, por Cyrano contra Tartufo, por Stockmann contra Gil Blas; por cualquier ideal contra toda mediocridad. Prefiere la flor al fruto, presintiendo que éste no podría existir jamás sin aquélla. Los temperamentos acomodaticios saben que la vida guiada por el interés brinda provechos materiales; los románticos creen que la suprema dignidad se incuba en el ensueño y la pasión. Para ellos un beso de tal mujer vale más que cien tesoros de Golconda.

Su elocuencia está en su corazón: disponen de esas «razones que la razón ignora», que decía Pascal. En ellas estriba el encanto irresistible de los Musset y los Byron: su estuosidad apasionada nos estremece, ahoga como si una garra apretara el cuello, sobresalta las venas, humedece los párpados, entrecorta el aliento. Sus heroínas y sus protagonistas pueblan los insomnios juveniles, como si los describieran con una vara mágica entintada en el cáliz de una poetisa griega: Safo, por caso, la más lírica. Su estilo es de luz y de color, siempre encendido, ardiente a veces. Escriben como hablan los temperamentos apasionados, con esa elocuencia de las voces enronquecidas por un deseo o por un exceso, esa «voce calda» que enloquece a las mujeres finas y hace un Don Juan de cada amador romántico. Son ellos los aristócratas del amor, con ellos sueñan todas las Julietas e Isoldas. En vano se confabulan en su contra las embozadas hipocresías mundanas; los espíritus zafios desearían inventar una balanza para pesar la utilidad inmediata de sus inclinaciones. Como no la poseen, renuncian a seguirlas.

El hombre incapaz de alentar nobles pasiones esquiva el amor como si fuera un abismo; ignora que él acrisola todas las virtudes y es el más eficaz de los moralistas. Vive y muere sin haber aprendido a amar. Caricaturiza a este sentimiento guiándose por las sugestiones de sórdidas conveniencias. Los demás le eligen primero las queridas y le imponen después la esposa. Poco le importa la fidelidad de las primeras, mientras le sirvan de adorno; nunca exige inteligencia en la otra, si es un escalón en su mundo. Musset le parece poco serio y encuentra infernal a Byron; habría quemado a Jorge Sand y la misma Teresa de Avila resúltale un poco exagerada. Se persigna si alguien sospecha que Cristo pudo amar a la pecadora de Magdala. Cree firmemente que Werther, Joselyn, Mimí, Rolla y Manón son símbolos del mal, creados por la imaginación de artistas enfermos. Aborrece la pasión honda y sentida, detesta los romanticismos sentimentales. Prefiere la compra tranquila a la conquista comprometedora. Ignora las supremas virtudes del amor, que es ensueño, anhelo, peligro, toda la imaginación convergiendo al embellecimiento del instinto, y no simple vértigo brutal de los sentidos.

En las eras de rebajamiento, cuando está en su apogeo la mediocridad, los idealistas se alinean contra los dogmatismos sociales, sea cual fuere el régimen dominante. Algunas veces, en nombre del romanticismo político, agitan un ideal democrático y humano. Su amor a todos los que sufren es justo encono contra los que oprimen su propia individualidad. Diríase que llegan hasta amar a las víctimas para protestar contra el verdugo indigno; pero siempre quedan fuera de toda hueste, sabiendo que en ella puede incubarse una coyunda para el porvenir.

En todo lo perfectible cabe un romanticismo; su orientación varía con los tiempos y con las inclinaciones. Hay épocas en que más florece, como en las horas de reacción que siguieron al sacudimiento libertario de la revolución francesa. Algunos románticos se creen providenciales y su imaginación se revela por un misticismo constructivo, como en Fourier y Lamennais, precedidos por Rousseau, que fue un Marx calvinista, y seguidos por Marx, que fue un Rousseau judío. En otros, el lirismo tiende, como en Byron y Ruskin, a convertirse en religión estática. En Mazzini y Kossuth toma color político. Habla en tono profético y trascendente por boca de Lamartine y de Hugo. En Stendhal acosa con ironía los dogmatismos sociales y en Vigny los desdeña amargamente. Se duele en Musset y desespera en Amiel. Fustiga a la mediocridad con Flaubert y Barbey d'Aurevilly. Y en otros conviértese en rebelión abierta contra todo lo que amengua y domestica al individuo, como en Emerson, Stirner, Guyau, Ibsen o Nietzsche.

V. El idealismo estoico

Las rebeldías románticas son embotadas por la experiencia: ella enfrena muchas impetuosidades falaces y da a los ideales más sólida firmeza. Las lecciones de la realidad no matan al idealista: lo educan. Su afán de perfección tórnase más centrípeto y digno, busca los caminos propicios, aprende a salvar las asechanzas que la mediocridad le tiende. Cuando la fuerza de las cosas se sobrepone a su personal inquietud y los dogmatismos sociales cohiben sus esfuerzos por enderezarlos, su idealismo tórnase experimental. No puede doblar la realidad a sus ideales, pero los defiende de ella, procurando salvarlos de toda mengua o envilecimiento. Lo que antes se proyectaba hacia afuera, polarízase en el propio esfuerzo, se interioriza. «Una gran vida escribió Vigny es un ideal de la juventud realizado en la edad madura.» Es inherente a la primera ilusión de imponer sus ensueños, rompiendo las barreras que les opone la realidad; cuando la experiencia advierte que la mole no cae, el idealista atrincherándose en virtudes intrínsecas, custodiando sus ideales, realizándolos en alguna medida, sin que la solidaridad pueda conducirle nunca a torpes complicidades. El idealismo sentimental y romántico se transforma en idealismo experimental y estoico; la experiencia regula la imaginación haciéndolo ponderado y reflexivo. La serena armonía clásica reemplaza a la pujanza impetuosa: el Idealismo dionisiaco se convierte en Idealismo apolíneo.

Es natural que así sea. Los romanticismos no resisten a la experiencia crítica: si duran hasta pasados los límites de la juventud, su ardor no equivale a su eficiencia. Fue error de Cervantes la avanzada edad en que Don Quijote emprende la persecución de su quimera. Es más lógico Don Juan, casándose a la misma altura en que Cristo muere; los personajes que Mürger creó en la vida bohemia, detiénense en ese limbo de la madurez. No puede ser de otra manera. La acumulación de los contrastes acaba por coordinar la imaginación, orientándola sin rebajarla.

Y si el idealista es una mente superior, su ideal asume formas definitivas: plasma la Verdad, la Belleza o la Virtud en crisoles más perennes, tiende a fijarse y durar en obras. El tiempo lo consagra y su esfuerzo tórnase ejemplar. La posteridad lo juzga clásico. Toda clasicidad proviene de una selección natural entre ideales que fueron en su tiempo románticos y que han sobrevivido a través de los siglos.

Pocos soñadores encuentran tal clima y tal ocasión que les encumbren a la genialidad. Los más resultan exóticos e inoportunos; los sucesos cuyo determinismo no pueden modificar, esterilizan sus esfuerzos. De ahí cierta aquiescencia a las cosas que no dependen del propio mérito, la tolerancia de toda indesvariable fatalidad. Al sentir la coerción exterior no se rebajan ni contaminan: se apartan, se refugian en sí mismos para encumbrarse en la orilla desde donde miran el fangoso arroyo que corre murmurando, sin que en su murmullo se oiga un grito. Son los jueces de su época: ven de dónde viene y cómo corre el turbión encenagado. Descubren a los omisos que se dejan opacar por el limo, a los que persiguen esos encumbramientos falaces reñidos con el mérito y con la justicia.

El idealista estoico mantiénese hostil a su medio, lo mismo que el romántico. Su actitud es de abierta resistencia a la mediocridad organizada, resignación desdeñosa o renunciamiento altivo, sin compromisos. Impórtale poco agredir el mal que consiente los otros; más le sirve estar libre para realizar toda perfección que solo depende de su propio esfuerzo. Adquiere una «sensibilidad individualista» que no es egoísmo vulgar ni desinterés por los ideales que agitan a la sociedad en que vive. Son notorias las diferencias entre el individualismo doctrinario y el sentimiento individualista; el uno es teoría y el otro es actitud. En Spencer, la doctrina individualista se acompaña de sensibilidad social; en Bakunin, la doctrina social coexiste con una sensibilidad individualista. Es cuestión de temperamento y no de ideas; aquél es la base del carácter. Todo individualismo, como actitud, es una revuelta contra los dogmas y los valores falsos respetados en las mediocracias; revela energías anhelosas de esparcirse, contenidas por mil obstáculos opuestos por el espíritu gregario. El temperamento individualista llega a negar el principio de autoridad, se substrae a los prejuicios, desacata cualquiera imposición, desdeña las jerarquías independientes del mérito. Los partidos, sectas y facciones le son indiferentes por igual, mientras no descubre en ellos ideales consonantes con los suyos propios. Cree más en las virtudes firmes de los hombres que en la mentira escrita de los principios teóricos; mientras no se reflejan en las costumbres las mejores leyes de papel no modifican la tontería de quienes las admiran ni el sufrimiento de quienes las aguantan.

La ética del idealista estoico difiere radicalmente de esos individualismos sórdidos que reclutan las simpatías de los egoístas. Dos morales esencialmente distintas pueden nacer de la estimación de sí mismo. El digno elige la elevada, la de Zenón o la de Epicuro; el mediocre opta siempre por la inferior y se encuentra con Aristipo. Aquél se refugia en sí para acrisolarse; éste se ausenta de los demás para zambullirse en la sombra. El individualismo es noble si un ideal lo alienta y lo eleva; sin ideal, es una caída a más bajo nivel que la mediocridad misma.

En la Cirenaica griega, cuatro siglos antes del evo cristiano, Aristipo anunció que la única regla de la vida era el placer máximo, buscado por todos los medios, como si la naturaleza dictara al hombre el hartazgo de los sentidos y la ausencia de ideal. La sensualidad erigida en sistema, llevaba al placer tumultuoso, sin seleccionarlo. Llegaron los cirenaicos a despreciar la vida misma; sus últimos pregoneros encomiaron el suicidio. Tal ética, practicada instintivamente por los escépticos y los depravados de todos los tiempos, no fue lealmente erigida en sistema después de entonces. El placer como simple sensualidad cuantitativa es absurdo e imprevisor; no puede sustentar una moral. Sería erigir a los sentidos en jueces. Deben ser otros. ¿Estaría la felicidad en perseguir un interés bien ponderado? Un egoísmo prudente y cualitativo, que elija y calcule, reemplazaría a los apetitos ciegos. En vez del placer basto tendríase el deleite refinado, que prevé, coordina, prepara, goza antes e infinitamente más, pues la inteligencia gusta de centuplicar los goces futuros con sabias alquimias de preparación. Los epicúreos se apartan ya del cirenaísmo. Aristipo refugiaba la dicha en los burdos goces materiales; Epicuro la encumbra a la mente, la idealiza por la imaginación. Para aquél valen todos los placeres y se buscan de cualquier manera, desatados sin freno; para éste, deben ser elegidos y dignificados por un sello de armonía. La originaria moral de Epicuro es toda refinamiento: su creador vivió una vida honorable y pura. Su ley fue buscar la dicha y huir del dolor, prefiriendo las cosas que dejan un saldo a favor de la primera. Esa aritmética de las emociones no es incompatible con la dignidad, el ingenio y la virtud, que son perfecciones ideales; permite cultivarlas, si en ellas puede encontrarse una fuente de placer.

Es en otra moral helénica, sin embargo, donde encuentra sus moldes perfectos el idealismo experimental. Zenón dio a la humanidad una suprema doctrina de virtud heroica. La dignidad se identifica con el ideal; no conoce la historia más bellos ejemplos de conducta. Séneca, digno de la corte del propio Nerón, además de predicar con arte exquisito su doctrina, la aplicó con bello coraje en la hora extrema. Solamente Sócrates murió mejor que él, y ambos más dignamente que Jesús. Son las tres grandes muertes de la historia.

La dignidad estoica tuvo su apóstol en Epicteto. Una convincente elocuencia de sofista caldeaba su palabra de liberto. Vivió como el más humilde, satisfecho con lo que tenía, durmiendo en casa sin puertas, entregado a meditar y educar, hasta el decreto que proscribió de Roma a los filósofos. Enseñó a distinguir, en toda cosa, lo que depende y lo que no depende de nosotros. Lo primero nadie puede cohibirlo; lo demás está subordinado a fuerzas extrañas. Colocar el Ideal en lo que depende de nosotros y ser indiferente a lo demás: he ahí una fórmula para el idealismo experimental.

Es desdeñable todo lo que suele desear o temer el egoísta. Si las resistencias en el camino de la perfección dependen de otros, conviene hacer de ellas caso omiso, como si no existiesen, y redoblar el esfuerzo enaltecedor. Ningún contratiempo material desvía al idealista. Si deseara influir de inmediato sobre cosas que de él no dependen, encontraría obstáculos en todas partes; contra esa hostilidad de su ambiente solo puede rebelarse con la imaginación, mirando cada vez más hacia su interior. El que sirve a un ideal, vive de él; nadie le forzará a soñar lo que no quiere ni le impedirá ascender hacia su sueño.

Esta moral no es una contemplación pasiva; renuncia solamente a participar del alma. Su asentimiento a lo inevitable no es apatía ni inercia. Apartarse no es morir; es, simplemente, esperar la posible hora de hacer, apresurándola con la predicación o con el ejemplo. Si la hora llega, puede ser afirmación sublime, como lo fue en Marco Aurelio, nunca igualado en regir destinos de pueblos: solo él pudo inspirar las páginas más hondas de Renán y las más líricas de Paul de Saint Victor. Delicado y penetrante, su estoicismo fue más propicio para templar caracteres que para consolar corazones. Con él alcanzó el pensamiento antiguo su más tranquila nobleza. Entre perversos e ingratos que la circuían, enseñó a dar sus racimos, como la viña, sin reclamar precio alguno, preparándose para cargar otros en la vendimia futura. Los idealistas estoicos son hombres de su estirpe: diríase que ignoran el bien que hacen a sus propios enemigos. Cuando arrecia el encanallamiento de los domesticados, cuando más sofocante tórnase el clima de las mediocracias, ellos crean un nuevo ambiente moral sembrando ideales: una nueva generación, aprendiendo a amarlos, se ennoblece. Frente a las burguesías afiebradas por remontar el nivel del bienestar material ignorando que su mayor miseria es la falta de cultura, ellos concentran sus esfuerzos para aquilatar el respeto de las cosas del espíritu y el culto de todas las originalidades descollantes. Mientras la vulgaridad obstruye las vías del genio, de la santidad y del heroísmo, ellos concurren a restituirlas, mediante la sugestión de ideales, preparando el advenimiento de esas horas fecundas que caracterizan la resurrección de las razas: el clima del genio.

Toda ética idealista transmuta los valores y eleva el rango del mérito; las virtudes y los vicios trocan sus matices, en más o en menos, creando equilibrios nuevos. Ésa es, en el fondo, la obra de los moralistas: su originalidad está en cambios de tono que modifican las perspectivas de un cuadro cuyo fondo es casi imperturbable. Frente a la chatura común, que empuja a ser vulgares, los caracteres dignos afirman con vehemencia su ideal. Una mediocracia sin ideales como un individuo o un grupo es vil y escéptica, cobarde: contra ella cultivan hondos anhelos de perfección. Frente a la ciencia hecho oficio, la Verdad como un culto; frente a la honestidad de conveniencia, la Virtud desinteresada; frente al arte lucrativo de los funcionarios, la Armonía inmarcesible de la línea, de la forma y del color; frente a las complicidades de la política mediocrática, las máximas expansiones del Individuo dentro de cada sociedad. Cuando los pueblos se domestican y callan, los grandes forjadores de ideales levantan su voz. Una ciencia, un arte, un país, una raza, estremecidos por su eco, pueden salir de su cauce habitual. El Genio es un guión que pone el destino entre dos párrafos de la historia. Si aparece en los orígenes, crea o funda; si en los resurgimientos, transmuta o desorbita. En ese instante remontan su vuelo todos los espíritus superiores, templándose en pensamientos altos y para obras perennes.

VI. Símbolo

En el vaivén eterno de las eras, el porvenir es siempre de los visionarios. La interminable contienda entre el idealismo y la mediocridad tiene su símbolo: no pudo Cellini clavarlo en más digno sitio que la maravillosa plaza de Florencia. Nunca mano de orfebre plasmó un concepto más sublime. Perseo exhibiendo la cabeza de Medusa, cuyo cuerpo agítase en contorsiones de reptil bajo sus pies alados. Cuando los temperamentos idealistas se detienen ante el prodigio de Benvenuto, anímase el metal, revive su fisonomía, sus labios parecen articular palabras perceptibles.

Y dice a los jóvenes que toda brega por un Ideal es santa, aunque sea ilusorio el resultado; que es loable seguir su temperamento y pensar con el corazón, si ello contribuirá a crear una personalidad firme; que todo germen de romanticismo debe alentarse, para enguirnaldar de aurora la única primavera que no vuelve jamás.

Y a los maduros, cuyas primeras canas salpican de otoño sus más vehementes quimeras, instígalos a custodiar sus ideales bajo el palio de la más severa dignidad, frente a las tentaciones que conspiran para encenagarlos en la Estigia donde se abisman los mediocres.

Y en el gesto del bronce parece que el Idealismo decapitara a la Mediocridad, entregando su cabeza al juicio de los siglos.

Capítulo I. El hombre mediocre

Cacciarli i ciel per non esser men belli,
Né lo profondo Inferno li riceve...
Dante, *Inferno*, Canto III.

I. ¿«Áurea Mediocritas»?

Hay cierta hora en que el pastor ingenuo se asombra ante la naturaleza que le envuelve. La penumbra se espesa, el color de las cosas se uniforma en el gris homogéneo de las siluetas, la primera humedad crepuscular levanta de todas las hierbas un vaho de perfume, aquiétase el rebaño para echarse a dormir, la remota campana tañe su aviso vesperal. La impalpable claridad lunar se emblanquece al caer sobre las cosas; algunas estrellas inquietan con su titilación el firmamento y un lejano rumor de arroyo brincante en las breñas parece conversar de misteriosos temas. Sentado en la piedra menos áspera que encuentra al borde del camino, el pastor contempla y enmudece, invitado en vano a meditar por la convergencia del sitio y de la hora. Su admiración primitiva es simple estupor. La poesía natural que le rodea, al reflejarse en su imaginación, no se convierte en poema. Él es, apenas, un objeto en el cuadro, una pincelada; un accidente en la penumbra. Para él todas las cosas han sido siempre así y seguirán siéndolo, desde la tierra que pisa hasta el rebaño que apacienta.

La inmensa masa de los hombres piensa con la cabeza de ese ingenuo pastor; no entendería el idioma de quien le explicara algún misterio del universo o de la vida, la evolución eterna de todo lo conocido, la posibilidad de perfeccionamiento humano en la continua adaptación del hombre a la naturaleza. Para concebir una perfección se requiere cierto nivel ético y es indispensable alguna educación intelectual. Sin ellos pueden tenerse fanatismos y supersticiones; ideales, jamás.

Los que viven debajo de ese nivel y no adquieren esa educación permanecen sujetos a dogmas que otros les imponen, esclavos de fórmulas paralizadas por la herrumbre del tiempo. Sus rutinas y sus prejuicios parécenles eternamente invariables; su obtusa imaginación no concibe perfecciones pasadas ni venideras; el estrecho horizonte de su experiencia constituye el límite forzoso de su mente. No pueden formarse un ideal. Encontrarán en los ajenos una chispa capaz de encender sus pasiones; serán sectarios pueden serlo. Y no advertirán siquiera la ironía de cuanto les invitan a arrebañarse en nombre de ideales que pueden servir, no comprender. Todo ensueño seguido por muchedumbres, solo es pensado por pocos visionarios que son sus amos.

La desigualdad humana no es un descubrimiento moderno. Plutarco escribió, ha siglos, que «los animales de una misma especie difieren menos entre sí que unos hombres de otros» (*Obras morales*, vol. 3). Montaigne suscribió esa opinión: «Hay más distancia entre tal y tal hombre, que entre tal hombre y tal bestia: es decir, que el más excelente animal está más próximo del hombre menos inteligente, que este último de otro hombre grande y excelente» (*Ensayos*, vol. I, cap. XLII). No pretenden decir más los que siguen afirmando la desigualdad humana: ella será en el porvenir tan absoluta como en tiempos de Plutarco o de Montaigne.

Hay hombres mentalmente inferiores al término medio de su raza, de su tiempo y de su clase social; también los hay superiores. Entre unos y otros fluctúa una gran masa imposible de caracterizar por inferioridades o excelencias.

Los psicólogos no han querido ocuparse de estos últimos; el arte los desdeña por incoloros; la historia no sabe sus nombres. Son poco interesantes; en vano buscaríase en ellos la arista definida, la pincelada firme, el rasgo característico. De igual desdén les cubren los moralistas; individualmente no merecen el desprecio, que fustiga a los perversos, ni la apología, reservada a los virtuosos.

Su existencia es, sin embargo, natural y necesaria. En todo lo que ofrece grados hay mediocridad; en la escala de la inteligencia humana ella representa el claroscuro entre el talento y la estulticia.

No diremos, por eso, que siempre es loable. Horacio no dijo *aurea mediocritas* en el sentido general y absurdo que proclaman los incapaces de sobresalir por su ingenio, por sus virtudes o por sus obras. Otro fue el parecer del poeta: poniendo en la tranquilidad y en la independencia el mayor bienestar del hombre, enalteció los goces de un vivir sencillo que dista por igual de la opulencia y la miseria, llamando áurea a esa mediocridad material. En cierto sentido epicúreo, su sentencia es verdadera y confirma el remoto proverbio árabe: «Un mediano bienestar tranquilo es preferible a la opulencia llena de preocupaciones».

Inferir de ello que la mediocridad moral, intelectual y de carácter es digna de respetuoso homenaje, implica torcer la intención misma de Horacio: en versos memorables (*Ad Pis.*, 472) menospreció a los poetas mediocres:

Mediocribus esse poetis

Non di, non homines, non concessere columnae.[1]

Y es lícito extender su dicterio a cuantos hombres lo son de espíritu. ¿Por qué subvertiríamos el sentido de *aurea mediocritas* clásico? ¿Por qué suprimir desniveles entre los hombres y las sombras, como si rebajando un poco a los excelentes y puliendo un poco a los bastos se atenuaran las desigualdades creadas por la naturaleza?

No concebimos el perfeccionamiento social como un producto de la uniformidad de todos los individuos, sino como la combinación armónica de originalidades incesantemente multiplicadas. Todos los enemigos de la diferenciación vienen a serlo del progreso; es natural, por ende, que consideren la originalidad como un defecto imperdonable.

Los que tal sentencian inclínanse a confundir el sentido común con el buen sentido, como si enmarañando la significación de los vocablos quisieran emparentar las ideas correspondientes. Afirmemos que son antagonistas. El sentido común es colectivo, eminentemente retrógrado y dogmatista; el buen sentido es individual, siempre innovador y libertario. Por la obsecuencia al uno o al otro se reconocen la servidumbre y la aristocracia naturales. De esa insalvable heterogeneidad nace la intolerancia de los rutinarios frente a cualquier destello original; estrechan sus filas para defenderse, como si fueran crímenes las diferencias. Esos desniveles son un postulado fundamental de la psicología. Las costumbres y las leyes pueden establecer derechos y deberes comunes a todos los hombres; pero éstos serán siempre tan desiguales como las olas que erizan la superficie de un océano.

---

1 No permiten los dioses, ni los hombres ni las columnas de los libreros a los poetas el ser mediocres. (N. del E.)

48

II. Los hombres sin personalidad

Individualmente considerada, la mediocridad podrá definirse como una ausencia de características personales que permitan distinguir al individuo en su sociedad. Ésta ofrece a todos un mismo fardo de rutinas, prejuicios y domesticidades; basta reunir cien hombres para que ellos coincidan en lo impersonal: «Juntad mil genios en un Concilio y tendréis el alma de un mediocre». Esas palabras denuncian lo que en cada hombre no pertenece a él mismo y que, al sumarse muchos, se revela por el bajo nivel de las opiniones colectivas.

La personalidad individual comienza en el punto preciso donde cada uno se diferencia de los demás; en muchos hombres ese punto es simplemente imaginario. Por ese motivo, al clasificar los caracteres humanos, se ha comprendido la necesidad de separar a los que carecen de rasgos característicos: productos adventicios del medio, de las circunstancias, de la educación que se les suministra, de las personas que los tutelan, de las cosas que los rodean. «Indiferentes» ha llamado Ribot a los que viven sin que se advierta su existencia. La sociedad piensa y quiere por ellos. No tienen voz, sino eco. No hay líneas definidas ni en su propia sombra, que es, apenas, una penumbra.

Cruzan el mundo a hurtadillas, temerosos de que alguien pueda reprocharles esa osadía de existir en vano, como contrabandistas de la vida.

Y lo son. Aunque los hombres carecemos de misión trascendental sobre la tierra, en cuya superficie vivimos tan naturalmente como la rosa y el gusano, nuestra vida no es digna de ser vivida sino cuando la ennoblece algún ideal: los más altos placeres son inherentes a proponerse una perfección y perseguirla. Las existencias vegetativas no tienen biografía: en la historia de su sociedad solo vive el que deja rastros en las cosas o en los espíritus. La vida vale por el uso que de ella hacemos, por las obras que realizamos. No ha vivido más el que cuenta más años, sino el que ha sentido mejor un ideal; las canas denuncian la vejez, pero no dicen cuánta juventud la precedió. La medida social del hombre está en la duración de sus obras: la inmortalidad es el privilegio de quienes las hacen sobrevivientes a los siglos, y por ellas se mide.

El poder que se maneja, los favores que se mendigan, el dinero que se amasa, las dignidades que se consiguen, tienen cierto valor efímero que puede satisfacer los apetitos del que no lleva en sí mismo, en sus virtudes intrínsecas, las fuerzas morales que embellecen y califican la vida; la afirmación de la propia personalidad y la cantidad de hombría puesta en la dignificación de nuestro yo. Vivir es aprender, para ignorar menos; es amar, para vincularnos a una parte mayor de humanidad; es admirar, para compartir las excelencias de la naturaleza y de los hombres; es un esfuerzo por mejorarse, un incesante afán de elevación hacia ideales definidos.

Muchos nacen; pocos viven. Los hombres sin personalidad son innumerables y vegetan moldeados por el medio, como cera fundida en el cuño social. Su moralidad de catecismo y su inteligencia cuadriculada los constriñen a una perpetua disciplina del pensar y de la conducta; su existencia es negativa como unidades sociales.

El hombre de fino carácter es capaz de mostrar encrespamientos sublimes, como el océano; en los temperamentos domesticados todo parece quieta superficie, como en las ciénagas. La falta de personalidad hace, a éstos, incapaces de iniciativa y de resistencia. Desfilan inadvertidos, sin aprender ni enseñar, diluyendo en tedio su insipidez, vegetando en la sociedad que ignora su existencia: ceros a la izquierda que nada califican y para nada cuentan. Su falta de robustez moral háceles ceder a la más leve presión, sufrir todas las influencias, altas y bajas, grandes y pequeñas, transitoriamente arrastrados a la altura por el más leve céfiro o revolcados por la ola menuda de un arroyuelo. Barcos de amplio velamen, pero sin timón, no saben adivinar su propia ruta: ignoran si irán a varar en una playa arenosa o a quedarse estrellados contra un escollo.

Están en todas partes, aunque en vano buscaríamos uno solo que se reconociera; si lo halláramos sería un original, por el simple hecho de enrolarse en la mediocridad. ¿Quién no se atribuye alguna virtud, cierto talento o un firme carácter? Muchos cerebros torpes se envanecen de su testarudez, confundiendo la parálisis con la firmeza, que es don de pocos elegidos; los bribones se jactan de su bigardía y desvergüenza, equivocándolas con el ingenio; los serviles y los parapoco pavonéanse de honestos, como si la incapacidad del mal pudiera en caso alguno confundirse con la virtud.

Si hubiera de tenerse en cuenta la buena opinión que todos los hombres tienen de sí mismos, sería imposible discurrir de los que se caracterizan por la ausencia de personalidad. Todos creen tener una; y muy suya. Ninguno advierte que la sociedad le ha sometido a esa operación aritmética que consiste en reducir muchas cantidades a un denominador común: la mediocridad.

Estudiemos, pues, a los enemigos de toda perfección, ciegos a los astros. Existe una vastísima bibliografía acerca de los inferiores e insuficientes desde el criminal y el delirante hasta el retardado y el idiota; hay también una rica literatura consagrada a estudiar el genio y el talento, amén de que la historia y el arte convergen a mantener su culto. Unos y otros son, empero, excepciones. Lo habitual no es el genio ni el idiota, no es el talento ni el imbécil. El hombre que nos rodea a millares, el que prospera y se reproduce en el silencio y en la tiniebla, es el mediocre.

Toca al psicólogo disecar su mente con firme escalpelo, como a los cadáveres el profesor eternizado por Rembrandt en la *Lección de anatomía*: sus ojos parecen iluminarse al contemplar las entrañas mismas de la naturaleza humana y sus labios palpitan de elocuencia serena al decir su verdad a cuantos le rodean.

¿Por qué no tendemos al hombre sin ideales sobre nuestra mesa de autopsias, hasta saber qué es, cómo es, qué hace, qué piensa, para qué sirve?

Su etopeya constituirá un capítulo básico de la psicología y de la moral.

III. En torno del hombre mediocre

Con diversas denominaciones, y desde puntos de vista heterogéneos, se ha intentado algunas veces definir al hombre sin personalidad. La filosofía, la estadística, la antropología, la psicología, la estética y la moral han contribuido a la determinación de tipos más o menos exactos; no se ha advertido, sin embargo, el valor esencialmente social de la mediocridad. *El hombre mediocre* —como, en general, la personalidad humana— solo puede definirse en relación a la sociedad en que vive, y por su función social.

Si pudiéramos medir los valores individuales, graduaríanse ellos en escala continua, de lo bajo a lo alto. Entre los tipos extremos y escasos, observaríamos una masa abundante de sujetos, más o menos equivalentes, acumulados en los grados centrales de la serie. Vana ilusión sería la de quien pretendiera buscar allí el hipotético arquetipo de la humanidad, el Hombre normal que buscara ya Aristóteles; siglos más tarde la peregrina ocurrencia reapareció en el torbellinesco espíritu de Pascal. Medianía, en efecto, no es sinónimo de normalidad. El hombre normal no existe; no puede existir. La humanidad, como todas las especies vivientes, evoluciona sin cesar; sus cambios opéranse desigualmente en numerosos agregados sociales, distintos entre sí. El hombre normal en una sociedad no lo es en otra; el de ha mil años no lo sería hoy, ni en el porvenir.

Morel se equivocaba, por olvidar eso, al concebirlo como un ejemplar de la «edición princeps» de la Humanidad, lanzada a la circulación por el Supremo Hacedor. Partiendo de esa premisa definía la degeneración, en todas sus formas, como una divergencia patológica del perfecto ejemplar originario. De eso al culto por el hombre primitivo había un paso; alejáronse, felizmente, de tal prejuicio los antropólogos contemporáneos. El hombre decimos ahora es un animal que evoluciona en las más recientes edades geológicas del planeta; no fue perfecto en su origen, ni consiste su perfección en volver a las formas ancestrales, surgidas de la animalidad simiesca. De no creerlo así, renovaríamos las divertidísimas leyendas del ángel caído, del árbol del bien y del mal, de la tentadora serpiente, de la manzana aceptada por Adán y del paraíso perdido...

Quételet pretendió formular una doctrina antropológica o social acerca del Hombre medio: su ensayo es una inquisición estadística complicada por inocentes aplicaciones del abusado *in medio stat virtus*. No incurriremos en el yerro de admitir que los hombres mediocres pueden reconocerse por atributos físicos o morales que representen un término medio de los observados en la especie humana. En ese sentido sería un producto abstracto, sin corresponder a ningún individuo de existencia real.

El concepto de la normalidad humana solo podría ser relativo a determinado ambiente social; ¿serían normales los que mejor «marcan el paso», los que se alinean con más exactitud en las filas de un convencionalismo social? En este sentido, hombre normal no sería sinónimo de hombre equilibrado, sino de Hombre domesticado; la pasividad no es un equilibrio, no es complicada resultante de energías, sino su ausencia. ¿Cómo confundir a los grandes equilibrados, a Leonardo y a Goethe, con los amorfos? El equilibrio entre dos platillos cargados no puede compararse con la quietud de una balanza vacía. El hombre sin personalidad no es un modelo, sino una sombra; si hay peligros en la idolatría de los héroes y los hombres representativos, a la manera de Carlyle o Emerson, más los hay en repetir esas fábulas que permitirían mirar como una aberración toda excelencia del carácter, de la virtud y del intelecto. Bovio ha señalado este grave yerro, pintando al hombre medio con rasgos psicológicos precisos: «Es dócil, acomodaticio a todas las pequeñas oportunidades, adaptabilísimo a todas las temperaturas de un día variable, avisado para los negocios, resistente a las combinaciones de los astutos; pero dislocado de su mediocre esfera y ungido por una feliz combinación de intrigas, él se derrumba siempre, enseguida, precisamente porque es un equilibrista y no lleva en sí las fuerzas del equilibrio. Equilibrista no significa equilibrado. Ése es el prejuicio más grave, del hombre mediocre equilibrado y del genio desequilibrado».

En sus más indulgentes comentaristas, ese pretendido equilibrio se establece entre cualidades poco dignas de admiración, cuya resultante provoca más lástima que envidia. Alguna vez recibió Lombroso un telegrama decididamente norteamericano. Era, en efecto, de un gran diario, y solicitaba una extensa respuesta telegráfica a la pregunta presentada con la sugerente recomendación de un cheque: «¿Cuál es el hombre normal?». La respuesta desconcertó, sin duda, a los lectores. Lejos de alabar sus virtudes, trazaba un cuadro de caracteres negativos y estériles: «Buen apetito, trabajador, ordenado, egoísta, aferrado a sus costumbres, misoneísta, paciente, respetuoso de toda autoridad, animal doméstico». O, en más breves palabras, *ruges consumere natus*, que dijo el poeta latino.

Con ligeras variantes, esa definición evoca la del Filisteo: «Producto de la costumbre, desprovisto de fantasía, ornado por todas las virtudes de la mediocridad, llevando una vida honesta gracias a la moderación de sus exigencias, perezoso en sus concepciones intelectuales, sobrellevando con paciencia conmovedora todo el fardo de prejuicios que heredó de sus antepasados». En estas líneas refléjanse las invectivas, ya clásicas, de Heine contra la mentalidad que él creía corriente entre sus compatriotas. Por su parte, Schopenhauer, en sus *Aforismos*, definió el perfecto filisteo como un ser que se deja engañar por las apariencias y toma en serio todos los dogmatismos sociales: constantemente ocupado de someterse a las farsas mundanas.

A esas definiciones del hombre medio pueden aproximarse otras de carácter intelectual o estético, no exentas de interés, aunque unilaterales. Para algunos, la mediocridad consistiría en la ineptitud para ejercitar las más altas cualidades del ingenio; para otros, sería la inclinación a pensar a ras de tierra. Mediocre correspondería a Burgués, por contraposición a Artista. Flaubert lo definió como «un hombre que piensa bajamente». Juzgado con ese criterio, le parece detestable.

Tal resulta en la magnífica silueta de Hello, traspapelado prosista católico que nos enseñó a admirar Rubén Darío.

Distingue al mediocre del imbécil; éste ocupa un extremo del mundo y el genio ocupa el otro; el mediocre está en el centro. ¿Será, entonces, lo que en filosofía, en política o en literatura, se llama un ecléctico, un justo medio? De ninguna manera, contesta. El que es justomedio lo sabe, tiene la intención de serlo; el hombre mediocre es justomedio sin sospecharlo. Lo es por naturaleza, no por opinión; por carácter, no por accidente. En todo minuto de su vida, y en cualquier estado de ánimo, será siempre mediocre. Su rasgo característico, absolutamente inequívoco, es su deferencia por la opinión de los demás. No habla nunca; repite siempre. Juzga a los hombres como los oye juzgar. Reverenciará a su más cruel adversario, si éste se encumbra; desdeñará a su mejor amigo si nadie lo elogia. Su criterio carece de iniciativas. Sus admiraciones son prudentes. Sus entusiasmos son oficiales. Esa definición descriptiva análoga a las que repitiera Barbey D'Aurevilly, posee muy sugestiva elocuencia, aunque parte de premisas estéticas para llegar a conclusiones morales.

El «hombre normal» de Bovio y Lombroso, corresponde al «filisteo» de Heine y de Schopenhauer, aproximándose ambos al «burgués» antiartístico de Flaubert y Barbey D'Aurevilly. Pero, fuerza es reconocerlo, tales definiciones son inseguras desde el punto de vista de la psicología social; conviene buscar una más exacta e inequívoca, abordando el problema por otros caminos.

IV. Concepto social de la mediocridad

Ningún hombre es excepcional en todas sus aptitudes; pero no podría afirmarse que son mediocres, a carta cabal, los que no descuellan en ninguna. Desfilan ante nosotros como simples ejemplares de historia natural, con tanto derecho como los genios y los imbéciles. Existen: hay que estudiarlos. El moralista dirá, después, si la mediocridad es buena o mala; al psicólogo, por ahora, le es indiferente; observa los caracteres en el medio social en que viven, los describe, los compara y los clasifica de igual manera que otras naturalistas observan fósiles en un lecho de río o mariposas en la corola de una flor.

No obstante las infinitas diferencias individuales, existen grupos de hombres que pueden englobarse dentro de tipos comunes; tales clasificaciones, simplemente aproximativas, constituyen la ciencia de los caracteres humanos, la Etología, que reconoce en Teofrasto su legítimo progenitor. Los antiguos fundábanla sobre los temperamentos; los modernos buscan sus bases en la preponderancia de ciertas funciones psicológicas. Esas clasificaciones, admisibles desde algún punto de vista especial, son insuficientes para el nuestro.

Si observamos cualquier sociedad humana, el valor de sus componentes resulta siempre relativo al conjunto: «el hombre es un valor social».

Cada individuo es el producto de dos factores: la herencia y la educación. La primera tiende a proveerle de los órganos y las funciones mentales que le transmiten las generaciones precedentes; la segunda es el resultado de las múltiples influencias del medio social en que el individuo está obligado a vivir. Esta acción educativa es, por consiguiente, una adaptación de las tendencias hereditarias a la mentalidad colectiva: una continua aclimatación del individuo en la sociedad.

El niño desarróllase «como un animal de la especie humana», hasta que empieza a distinguir las cosas inertes de los seres vivos y a reconocer entre éstos a sus semejantes. Los comienzos de su educación son, entonces, dirigidos por las personas que le rodean, tornándose cada vez más decisiva la influencia del medio; desde que ésta predomina, evoluciona como un miembro de su sociedad y sus hábitos se organizan mediante la imitación. Más tarde, las variaciones adquiridas en el curso de su experiencia individual pueden hacer que el hombre se caracterice como una persona diferenciada dentro de la sociedad en que vive.

La imitación desempeña un papel amplísimo, casi exclusivo, en la formación de la personalidad social; la invención produce, en cambio, las variaciones individuales. Aquélla es conservadora y actúa creando hábitos; ésta es evolutiva y se desarrolla mediante la imaginación. La diversa adaptación de cada individuo a su medio depende del equilibrio entre lo que imita y lo que inventa. Todos no pueden inventar o imitar de la misma manera, pues esas aptitudes se ejercitan sobre la base de cierta capacidad congénita, inicialmente desigual, recibida mediante la herencia psicológica.

El predominio de la variación determina la originalidad. Variar es ser alguien, diferenciarse es tener un carácter propio, un penacho, grande o pequeño: emblema, al fin, de que no se vive como simple reflejo de los demás. La función capital del hombre mediocre es la paciencia imitativa; la del hombre superior es la imaginación creadora. El mediocre aspira a confundirse en los que le rodean; el original tiende a diferenciarse de ellos. Mientras el uno se concreta a pensar con la cabeza de la sociedad, el otro aspira a pensar con la propia. En ello estriba la desconfianza que suele rodear a los caracteres originales: nada parece tan peligroso como un hombre que aspira a pensar con su cabeza.

Podemos recapitular. Considerando a cada individuo con relación a su medio, tres elementos concurren a formar su personalidad: la herencia biológica, la imitación social y la variación individual.

Todos, al nacer, reciben como herencia de la especie los elementos para adquirir una personalidad específica.

«El hombre inferior» es un animal humano; en su mentalidad enseñoréanse las tendencias instintivas condensadas por la herencia y que constituyen el «alma de la especie». Su ineptitud para la imitación le impide adaptarse al medio social en que vive; su personalidad no se desarrolla hasta el nivel corriente, viviendo por debajo de la moral o de la cultura dominantes, y en muchos casos fuera de la legalidad. Esa insuficiente adaptación determina su incapacidad para pensar como los demás y compartir las rutinas comunes.

Los más, mediante la educación imitativa, copian de las personas que los rodean una personalidad social perfectamente adaptada.

El hombre mediocre es una sombra proyectada por la sociedad; es por esencia imitativo y está perfectamente adaptado para vivir en rebaño, reflejando las rutinas, prejuicios y dogmatismos reconocidamente útiles para la domesticidad. Así como el inferior hereda el «alma de la especie», el mediocre adquiere el «alma de la sociedad». Su característica es imitar a cuantos le rodean: pensar con cabeza ajena y ser incapaz de formarse ideales propios.

Una minoría, además de imitar la mentalidad social, adquiere variaciones propias, una personalidad individual, netamente diferenciada.

«El hombre superior» es un accidente provechoso para la evolución humana. Es original e imaginativo, desadaptándose del medio social en la medida de su propia variación. Ésta se sobrepone a atributos hereditarios del «alma de la especie» y a las adquisiciones imitativas del «alma de la sociedad», constituyendo las aristas singulares del «alma individual», que le distinguen dentro de la sociedad. Es precursor de nuevas formas de perfección, piensa mejor que el medio en que vive y puede sobreponer ideales suyos a las rutinas de los demás.

V. El espíritu conservador

Todo lo que existe es necesario. Cada hombre posee un valor de contraste, si no lo tiene de afirmación; es un detalle necesario en la infinita evolución del protohombre al superhombre. Sin la sombra ignoraríamos el valor de la luz. La infamia nos induce a respetar la virtud; la miel no sería dulce si el acíbar no enseñara a paladear la amargura; admiramos el vuelo del águila porque conocemos el arrastramiento de la oruga; encanta más el gorjeo del ruiseñor cuando se ha escuchado el silbido de la serpiente. El mediocre representa un progreso, comparado con el imbécil, aunque ocupa su rango si lo comparamos con el genio: sus idiosincrasias sociales son relativas al medio y al momento en que actúa. De otra manera, si fuera intrínsecamente inútil, no existiría: la selección natural habríale exterminado. Es necesario para la sociedad, como las palabras lo son para el estilo. Pero no bastaría, para crearlo, alinear todos los vocablos que yacen en el diccionario; el estilo comienza donde aparece la originalidad individual.

Todos los hombres de personalidad firme y de mente creadora, sea cual fuere su escuela filosófica o su credo literario, son hostiles a la mediocridad. Toda creación es un esfuerzo original; la historia conserva el nombre de pocos iniciadores y olvida a innúmeros secuaces que los imitan. Los visionarios de verdades nuevas, los apóstoles de moral, los innovadores de belleza desde Renán y Hugo hasta Guyau y Flaubert, la miran como un obstáculo con que el pasado obstruye el advenimiento de su labor renovadora.

Ante la moral social, sin embargo, los mediocres encuentran una justificación, como todo lo que existe por necesidad. El eterno contraste de las fuerzas que pujan en las sociedades humanas, se traduce por la lucha entre dos grandes actitudes, que agitan la mentalidad colectiva: el espíritu conservador o rutinario y el espíritu original o de rebeldía.

Bellas páginas le consagró Dorado. Cree imposible dividir la humanidad en dos categorías de hombres, los unos rebeldes en todo y los otros en todo rutinarios; si así fuera, no sabría decirse cuáles interpretan mejor la vida. No es factible un vivir inmóvil de gentes todas conservadoras, ni lo es un inestable ajetreo de rebeldes e insumisos, para quienes nada existente sea bueno y ningún sendero digno de seguirse. Es verosímil que ambas fuerzas sean igualmente imprescindibles. Obligados a elegir, ¿daríamos preferencia a una actitud conservadora? La originalidad necesita un contrapeso robusto que prevenga sus excesos; habría ligereza en fustigar a los hombres metódicos y de paso tardío, si ellos constituyeran los tejidos sociales más resistentes, soporte de los otros. Lo mismo que en los organismos, los distintos elementos sociales se sirven mutuamente de sostén; en vez de mirarse como enemigos debieran considerarse cooperadores de una obra única, pero complicada. Si en el mundo no hubiera más que rebeldes, no podría marchar; tornárase imposible la rebeldía si faltara contra quien rebelarse. Y, sin los innovadores, ¿quién empujaría el carro de la vida sobre el que van aquéllos tan satisfechos? En vez de combatirse, ambas partes debieran entender que ninguna tendría motivo de existir como la otra no existiese. El conservador sagaz puede bendecir al revolucionario, tanto como éste a él. He aquí una nueva base para la tolerancia: cada hombre necesita de su enemigo.

Si tuvieran igual razón de ser los imitadores y los originales, como arguye el pensador español, su justificación estaría hecha. Ser mediocre no es una culpa; siéndolo, su conducta es legítima. ¿Aciertan los que sacan a su vida el mayor jugo y procuran pasar lo mejor posible sus cortos días sobre la tierra, sin consagrar una hora a su propio perfeccionamiento moral, sin preocuparse de sus prójimos ni de las generaciones posteriores? ¿Es pecado obrar de ese modo? ¿Pecan, tal vez, los que piensan en sí y viven para los demás: los abnegados y los altruistas, los que sacrifican sus goces y fuerzas en beneficio ajeno, renunciando a sus comodidades y aun a su vida, como suele ocurrir? Por indefectible que sea pensar en el mañana y dedicarle cierta parte de nuestros esfuerzos, es imposible dejar de vivir en el presente, pensando en él, siquiera en parte. Antes que las generaciones venideras están las actuales; otrora fueron futuras y para ellas trabajaron las pasadas.

Este razonamiento, aunque un tanto sanchesco, sería respetable, si colocáramos el problema en el terreno abstracto del hombre extrasocial, es decir, fuera de toda sanción presente y futura. Evidentemente, cada hombre es como es y no podría ser de otra manera; haciendo abstracción de toda moralidad, tendría tan poca culpa de su delito el asesino como de su creación el genio. El original y el rutinario, el holgazán y el laborioso, el malo y el bueno, el generoso y el avaro, todos lo son a pesar suyo; no lo serían si el equilibrio entre su temperamento y la sociedad lo impidiesen.

¿Por qué, entonces, la humanidad admira a los santos, a los genios y a los héroes, a todos los que inventan, enseñan o plasman, a los que piensan en el porvenir, lo encarnan en un ideal o forjan un imperio, a Sócrates y a Cristo, a Aristóteles y a Bacon, a César y a Washington? Los aplaude, porque toda la sociedad tiene, implícita, una moral, una tabla propia de valores que aplica para juzgar a cada uno de sus componentes, no ya según las conveniencias individuales, sino según su utilidad social. En cada pueblo y en cada época la medida de lo excelso está en los ideales de perfección que se denominan genio, heroísmo y santidad.

La imitación conservadora debe, pues, ser juzgada por su función de resistencia, destinada a contener el impulso creador de los hombres superiores y las tendencias destructivas de los sujetos antisociales. En el prolegómeno de su ensayo sobre el genio y el talento, Nordau hace su elogio irónico; para toda mente elevada el filisteo es la bestia negra y en esa hostilidad ve una evidente ingratitud. Le parece útil; con un poco de benevolencia llegaría a concederle esa relativa belleza de las cosas perfectamente adaptadas a su objeto. Es el fondo de perspectiva en el paisaje social. De su exigüidad estética depende todo el relieve adquirido por las figuras que ocupan el primer plano. Los ideales de los hombres superiores permanecerían en estado de quimeras si no fueren recogidos y realizados por filisteos, desprovistos de iniciativas personales, que viven esperando con encantadora ausencia de ideas propias que el rutinario no cede fácilmente a las instigaciones de los originales; pero su misma inercia es garantía de que solo recoge las ideas de probada conveniencia para el bienestar social. Su gran culpa consiste en que se le encuentra sin necesidad de buscarlo; su número es inmenso. A pesar de todo, es necesario; constituye el público de esta comedia humana en que los hombres superiores avanzan hasta las candilejas, buscando su aplauso y su sanción. Nordau llega hasta decir con fina ironía: «Cada vez que algunos hombres de genio se encuentren reunidos en torno de una mesa de cervecería, su primer brindis, en virtud del derecho y de la moral, debiera ser para el filisteo».

Es tan exagerado ese criterio irónico que proclama su conspicuidad, como el criterio estético que lo relega a la más baja esfera mental, confundiéndolo con el hombre inferior. Individualmente considerado a través del lente moral estético, es una entidad negativa; pero tomados los mediocres en su conjunto, puede reconocérseles funciones de lastre, indispensables para el equilibrio de la sociedad.

Merecen esa justicia. ¿La continuidad de la vida social sería posible sin esa compacta masa de hombres puramente imitativos, capaces de conservar los hábitos rutinarios que la sociedad les transfunde mediante la educación? El mediocre no inventa nada, no crea, no empuja, no rompe, no engendra; pero, en cambio, custodia celosamente la armazón de automatismos, prejuicios y dogmas acumulados durante siglos, defendiendo ese capital común contra la asechanza de los inadaptables. Su rencor a los creadores compénsase por su resistencia a los destructores. Los hombres sin ideales desempeñan en la historia humana el mismo papel que la herencia en la evolución biológica: conservan y transmiten las variaciones útiles para la continuidad del grupo social. Constituyen una fuerza destinada a contrastar el poder disolvente de los inferiores y a contener las anticipaciones atrevidas de los visionarios. La cohesión del conjunto los necesita, como un mosaico bizantino al cemento que lo sostiene. Pero hay que decirlo el cemento no es el mosaico.

Su acción sería nula sin el esfuerzo fecundo de los originales, que inventan lo imitado después por ellos. Sin los mediocres no habría estabilidad en las sociedades; pero sin los superiores no puede concebirse el progreso, pues la civilización sería inexplicable en una raza constituida por hombres sin iniciativa. Evolucionar es variar; solamente se varía mediante la invención. Los hombres imitativos limítanse a atesorar las conquistas de los originales; la utilidad del rutinario está subordinada a la existencia del idealista, como la fortuna de los libreros estriba en el ingenio de los escritores. El «alma social» es una empresa anónima que explota las creaciones de las mejores «almas individuales», resumiendo las experiencias adquiridas y enseñadas por los innovadores.

Son la minoría, éstos; pero son levaduras de mayorías venideras. Las rutinas defendidas hoy por los mediocres son simples glosas colectivas de ideales, concebidos ayer por hombres originales. El grueso del rebaño social va ocupando, a paso de tortuga, las posiciones atrevidamente conquistadas mucho antes por sus centinelas perdidos en la distancia; y éstos ya están muy lejos cuando la masa cree asentar el paso a su retaguardia. Lo que ayer fue ideal contra una rutina, será mañana rutina, a su vez, contra otro ideal. Indefinidamente, porque la perfectibilidad es indefinida.

Si los hábitos resumen la experiencia pasada de pueblos y de hombres, dándoles unidad, los ideales orientan su experiencia venidera y marcan su probable destino. Los idealistas y los rutinarios son factores igualmente indispensables, aunque los unos recelen de los otros. Se complementan en la evolución social, magüer se miren con oblicuidad. Si los primeros hacen más para el porvenir, los segundos interpretan mejor el pasado. La evolución de una sociedad, espoleada por el afán de perfección y contenida por tradiciones difícilmente removibles, detendríase para siempre sin el uno y sufriría sobresaltos bruscos sin las otras.

VI. Peligros sociales de la mediocridad

La psicología de los hombres mediocres caracterízase por un riesgo común: la incapacidad de concebir una perfección, de formarse un ideal.

Son rutinarios, honestos y mansos; piensan con la cabeza de los demás, comparten la ajena hipocresía moral y ajustan su carácter a las domesticidades convencionales.

Están fuera de su órbita el ingenio, la virtud y la dignidad, privilegios de los caracteres excelentes; sufren de ellos y los desdeñan. Son ciegos para las auroras; ignoran la quimera del artista, el ensueño del sabio y la pasión del apóstol. Condenados a vegetar, no sospechan que existe el infinito más allá de sus horizontes.

El horror de lo desconocido los ata a mil prejuicios, tornándolos timoratos e indecisos: nada aguijonea su curiosidad; carecen de iniciativa y miran siempre al pasado, como si tuvieran los ojos en la nuca.

Son incapaces de virtud; no la conciben o les exige demasiado esfuerzo. Ningún afán de santidad alborota la sangre en su corazón; a veces no delinquen por cobardía ante el remordimiento.

No vibran a las tensiones más altas de la energía; son fríos, aunque ignoren la serenidad; apáticos sin ser previsores; acomodaticios siempre, nunca equilibrados. No saben estremecerse de escalofrío bajo una tierna caricia, ni abalanzarse de indignación ante una ofensa.

No viven su vida para sí mismos, sino para el fantasma que proyectan en la opinión de sus similares. Carecen de línea; su personalidad se borra como un trazo de carbón bajo el esfumino, hasta desaparecer. Trocan su honor por una prebenda y echan llave a su dignidad por evitarse un peligro; renunciarían a vivir antes que gritar la verdad frente al error de muchos. Su cerebro y su corazón están entorpecidos por igual, como los polos de un imán gastado.

Cuando se arrebañan son peligrosos. La fuerza del número suple a la febledad individual: acomúnanse por millares para oprimir a cuantos desdeñan encadenar su mente con los eslabones de la rutina.

Substraídos a la curiosidad del sabio por la coraza de su insignificancia, fortifícanse en la cohesión del total; por eso la mediocridad es moralmente peligrosa y su conjunto es nocivo en ciertos momentos de la historia: cuando reina el clima de la mediocridad.

Épocas hay en que el equilibrio social se rompe en su favor. El ambiente tórnase refractario a todo afán de perfección; los ideales se agostan y la dignidad se ausenta; los hombres acomodaticios tienen su primavera florida. Los estados conviértense en mediocracias; la falta de aspiraciones que mantengan alto el nivel de moral y de cultura, ahonda la ciénaga constantemente.

Aunque aislados no merezcan atención, en conjunto constituyen un régimen, representan un sistema especial de intereses inconmovibles. Subvierten la tabla de los valores morales, falseando nombres, desvirtuando conceptos: pensar es un desvarío, la dignidad es irreverencia, es lirismo la justicia, la sinceridad es tontera, la admiración una imprudencia, la pasión ingenuidad, la virtud una estupidez.

En la lucha de las conveniencias presentes contra los ideales futuros, de lo vulgar contra lo excelente, suele verse mezclado el elogio de lo subalterno con la difamación de lo conspicuo, sabiendo que el uno y la otra conmueven por igual a los espíritus arrocinados. Los dogmatistas y los serviles aguzan sus silogismos para falsear los valores en la conciencia social; viven en la mentira, comen de ella, la siembran, la riegan, la podan, la cosechan. Así crean un mundo de valores ficticios que favorece la culminación de los obtusos; así tejen su sorda telaraña en torno de los genios, los santos y los héroes, obstruyendo en los pueblos la admiración de la gloria. Cierran el corral cada vez que cimbra en las cercanías el aletazo inequívoco de un águila.

Ningún idealismo es respetado. Si un filósofo estudia la verdad, tiene que luchar contra los dogmatistas momificados; si un santo persigue la virtud se astilla contra los prejuicios morales del hombre acomodaticio; si el artista sueña nuevas formas, ritmos o armonías, ciérranle el paso las reglamentaciones oficiales de la belleza; si el enamorado quiere amar escuchando su corazón, se estrella contra las hipocresías del convencionalismo; si un juvenil impulso de energía lleva a inventar, a crear, a regenerar, la vejez conservadora atájale el paso; si alguien, con gesto decisivo, enseña la dignidad, la turba de los serviles le ladra; al que toma el camino de las cumbres, los envidiosos le carcomen la reputación con saña malévola; si el destino llama a un genio, a un santo o a un héroe para reconstituir una raza o un pueblo, las mediocracias tácitamente regimentadas le resisten para encumbrar sus propios arquetipos. Todo idealismo encuentra en esos climas su Tribunal del Santo Oficio.

VII. La vulgaridad

La vulgaridad es el aguafuerte de la mediocridad. En la ostentación de lo mediocre reside la psicología de lo vulgar;

basta insistir en los rasgos suaves de la acuarela para tener el aguafuerte.

Diríase que es una reviviscencia de antiguos atavismos. Los hombres se vulgarizan cuando reaparece en su carácter lo que fue mediocridad en las generaciones ancestrales: los vulgares son mediocres de razas primitivas: habrían sido perfectamente adaptados en sociedades salvajes, pero carecen de la domesticación que los confundiría con sus contemporáneos. Si conserva una dócil aclimatación en su rebaño, el mediocre puede ser rutinario, honesto y manso, sin ser decididamente vulgar. La vulgaridad es una acentuación de los estigmas comunes a todo ser gregario; solo florece cuando las sociedades se desequilibran en desfavor del idealismo. Es el renunciamiento al pudor de lo innoble. Ningún ajetreo original la conmueve. Desdeña el verbo altivo y los romanticismos comprometedores. Su mueca es fofa, su palabra muda, su mirar opaco. Ignora el perfume de la flor, la inquietud de las estrellas, la gracia de la sonrisa, el rumor de las alas. Es la inviolable trinchera opuesta al florecimiento del ingenio y del buen gusto; es el altar donde oficia Panurgo y cifra su ensueño Bertoldo en servirle de monaguillo.

La vulgaridad es el blasón nobiliario de los hombres ensoberbecidos de su mediocridad; la custodian como al tesoro el avaro. Ponen su mayor jactancia en exhibirla, sin sospechar que es su afrenta. Estalla inoportuna en la palabra o en el gesto, rompe en un solo segundo el encanto preparado en muchas horas, aplasta bajo su zarpa toda eclosión luminosa del espíritu. Incolora, sorda, ciega, insensible, nos rodea y nos acecha; deléitase en lo grotesco, vive en lo turbio, se agita en las tinieblas. Es a la mente lo que son al cuerpo los defectos físicos, la cojera o el estrabismo: es incapacidad de pensar y de amar, incomprensión de lo bello, desperdicio de la vida, toda la sordidez. La conducta, en sí misma, no es distinguida ni vulgar; la intención ennoblece los actos, los eleva, los idealiza y, en otros casos, determina su vulgaridad. Ciertos gestos, que en circunstancias ordinarias serían sórdidos, pueden resultar poéticos, épicos; cuando Cambronne, invitado por el enemigo a rendirse, responde su palabra memorable, se eleva a un escenario homérico y es sublime.

Los hombres vulgares querrían pedir a Circe los brebajes con que transformó en cerdos a los compañeros de Ulises, para recetárselos a todos los que poseen un ideal. Los hay en todas partes y siempre que ocurre un recrudecimiento de la mediocridad: entre la púrpura lo mismo que entre la escoria, en la avenida y en el suburbio, en los parlamentos y en las cárceles, en las universidades y en los pesebres. En ciertos momentos osan llamar ideales a sus apetitos, como si la urgencia de satisfacciones inmediatas pudiera confundirse con el afán de perfecciones infinitas. Los apetitos se hartan; los ideales nunca.

Repudian las cosas líricas porque obligan a pensamientos muy altos y a gestos demasiado dignos. Son incapaces de estoicismos: su frugalidad es un cálculo para gozar más tiempo de los placeres, reservando mayor perspectiva de goces para la vejez impotente. Su generosidad es siempre dinero dado a usura. Su amistad es una complacencia servil o una adulación provechosa. Cuando creen practicar alguna virtud, degradan la honestidad misma, afeándola con algo de miserable o bajo que la macula.

Admiran el utilitarismo egoísta, inmediato, menudo, al contado. Puestos a elegir, nunca seguirán el camino que les indique su propia inclinación, sino el que les marcaría el cálculo de sus iguales. Ignoran que toda grandeza de espíritu exige la complicidad del corazón. Los ideales irradian siempre un gran calor; sus prejuicios, en cambio, son fríos, porque son ajenos. Un pensamiento no fecundado por la pasión es como los soles de invierno; alumbran pero bajo sus rayos se puede morir helado. La bajeza del propósito rebaja el mérito de todo esfuerzo y aniquila las cosas elevadas. Excluyendo el ideal queda suprimida la posibilidad de lo sublime. La vulgaridad es un cierzo que hiela todo germen de poesía capaz de embellecer la vida.

El hombre sin ideales hace del arte un oficio, de la ciencia un comercio, de la filosofía un instrumento, de la virtud una empresa, de la caridad una fiesta, del placer un sensualismo. La vulgaridad transforma el amor de la vida en pusilanimidad, la prudencia en cobardía, el orgullo en vanidad, el respeto en servilismo. Lleva a la ostentación, a la avaricia, a la falsedad, a la avidez, a la simulación; detrás del hombre mediocre asoma el antepasado salvaje que conspira en su interior acosado por el hambre de atávicos instintos y sin otra aspiración que el hartazgo.

En esas crisis, mientras la mediocridad tórnase atrevida y militante, los idealistas viven desorbitados, esperando otro clima. Enseñan a purificar la conducta en el filtro de un ideal; imponen su respeto a los que no pueden concebirlo. En el culto de los genios, de los santos y de los héroes, tienen su arma; despertándolo, señalando ejemplos a las inteligencias y a los corazones, puede amenguarse la omnipotencia de la vulgaridad, porque en toda larva sueña, acaso, una mariposa. Los hombres que vivieron en perpetuo florecimiento de virtud, revelan con su ejemplo que la vida puede ser intensa y conservarse digna; dirigirse a la cumbre, sin encharcarse en lodazales tortuosos; encresparse de pasión, tempestuosamente, como el océano, sin que la vulgaridad enturbie las aguas cristalinas de la ola, sin que el rutilar de sus fuentes sea opacado por el limo.

En la meditación de viaje, oyendo silbar el viento entre las jarcias, la humanidad nos pareció como un velero que cruza el tiempo infinito, ignorando su punto de partida y su destino remoto. Sin velas, sería estéril la pujanza del viento; sin viento, de nada servirían las lonas más amplias. La mediocridad es el complejo velamen de las sociedades, las resistencias que éstas oponen al viento para utilizar su pujanza; la energía que infla las velas, y arrastra el buque entero, y lo conduce, y lo orienta, son los idealistas: siempre resistidos por aquélla. Así resistiéndolos, como las velas al viento, los rutinarios aprovechan el empuje de los creadores. El progreso humano es la resultante de ese contraste perpetuo entre masas inertes y energías propulsoras.

Capítulo II. La mediocridad intelectual

I. El hombre rutinario

La Rutina es un esqueleto fósil cuyas piezas resisten a la carcoma de los siglos. No es hija de la experiencia; es su caricatura. La una es fecunda y engendra verdades; estéril la otra y las mata.

En su órbita giran los espíritus mediocres. Evitan salir de ella y cruzar espacios nuevos; repiten que es preferible lo malo conocido a lo bueno por conocer. Ocupados en disfrutar lo existente, cobran horror a toda innovación que turbe su tranquilidad y les procure desasosiegos. Las ciencias, el heroísmo, las originalidades, los inventos, la virtud misma, parécenles instrumentos del mal, en cuanto desarticulan los resortes de sus errores: como en los salvajes, en los niños y en las clases incultas.

Acostumbrados a copiar escrupulosamente los prejuicios del medio en que viven, aceptan sin contralor las ideas destiladas en el laboratorio social: como esos enfermos de estómago inservible que se alimentan con substancias ya digeridas en los frascos de las farmacias. Su impotencia para asimilar ideas nuevas los constriñe a frecuentar las antiguas.

La Rutina, síntesis de todos los renunciamientos, es el hábito de renunciar a pensar. En los rutinarios todo es menor esfuerzo; la acidia aherrumbra su inteligencia. Cada hábito es un riesgo, porque la familiaridad aviene a las cosas detestables y a las personas indignas. Los actos que al principio provocaban pudor, acaban por parecen naturales; el ojo percibe los tonos violentos como simples matices, el oído escucha las mentiras con igual respeto que las verdades, el corazón aprende a no agitarse por torpes acciones.

Los prejuicios son creencias anteriores a la observación; los juicios, exactos o erróneos, son consecutivos a ella. Todos los individuos poseen hábitos mentales; los conocimientos adquiridos facilitan los venideros y marcan su rumbo. En cierta medida nadie puede substraérseles. No son exclusivos de los hombres mediocres; pero en ellos representan siempre una pasiva obsecuencia al error ajeno. Los hábitos adquiridos por los hombres originales son genuinamente suyos, le son intrínsecos: constituyen su criterio cuando piensan y su carácter cuando actúan; son individuales e inconfundibles. Difieren substancialmente de la Rutina, que es colectiva y siempre perniciosa, extrínseca al individuo, común al rebaño: consiste en contagiarse los prejuicios que infestan la cabeza de los demás. Aquéllos caracterizan a los hombres; ésta empaña a las sombras. El individuo se plasma los primeros; la sociedad impone la segunda. La educación oficial involucra ese peligro: intenta borrar toda originalidad poniendo iguales prejuicios en cerebros distintos. La acechanza persiste en el inevitable trato mundano con hombres rutinarios. El contagio mental flota en la atmósfera y acosa por todas partes; nunca se ha visto un tonto originalizado por contigüidad y es frecuente que un ingenio se amodorre entre pazguatos. Es más contagiosa la mediocridad que el talento.

Los rutinarios razonan con la lógica de los demás. Disciplinados por el deseo ajeno, encalónanse en su casillero social y se catalogan como reclutas en las filas de un regimiento. Son dóciles a la presión del conjunto, maleables bajo el peso de la opinión pública que los achata como un inflexible laminador. Reducidos a vanas sombras, viven del juicio ajeno; se ignoran a sí mismos, limitándose a creerse como los creen los demás. Los hombres excelentes, en cambio, desdeñan la opinión ajena en la justa proporción en que respetan la propia, siempre más severa, o la de sus iguales.

Son zafios, sin creerse por ello desgraciados. Si no presumieran de razonables, su absurdidad enternecería. Oyéndoles hablar una hora parece que ésta tuviese mil minutos. La ignorancia es su verdugo, como lo fue otrora del siervo y lo es aún del salvaje; ella los hace instrumentos de todos los fanatismos, dispuestos a la domesticidad, incapaces de gestos dignos. Enviarían en comisión a un lobo y un cordero, sorprendiéndose sinceramente si el lobo volviera solo. Carecen de buen gusto y de aptitud para adquirirlo. Si el humilde guía de museo no los detiene con insistencia, pasan indiferentes junto a una madona del Angélico o un retrato de Rembrandt; a la salida se asombran ante cualquier escaparate donde haya oleografías de toreros españoles o generales americanos.

Ignoran que el hombre vale por su saber; niegan que la cultura es la más honda fuente de la virtud. No intentan estudiar; sospechan, acaso, la esterilidad de su esfuerzo, como esas mulas que por la costumbre de marchar al paso han perdido el uso del galope. Su incapacidad de meditar acaba por convencerles de que no hay problemas difíciles y cualquier reflexión paréceles un sarcasmo; prefieren confiar en su ignorancia para adivinarlo todo. Basta que un prejuicio sea inverosímil para que lo acepten y lo difundan; cuando creen equivocarse, podemos jurar que han cometido la imprudencia de pensar. La lectura les produce efectos de envenenamiento. Sus pupilas se deslizan frívolamente sobre centones absurdos; gustan de los más superficiales, de esos en que nada podría aprender un espíritu claro, aunque resultan bastante profundos para empantanar al torpe. Tragan sin digerir, hasta el empacho mental: ignoran que el hombre no vive de lo que engulle, sino de lo que asimila. El atascamiento puede convertirlos en eruditos y la repetición darles hábitos de rumiante. Pero, apiñar datos no es aprender; tragar no es digerir. La más intrépida paciencia no hace de un rutinario un pensador; la verdad hay que saberla amar y sentir. Las nociones mal digeridas solo sirven para atorar el entendimiento.

Pueblan su memoria con máximas de almanaque y las resucitan de tiempo en tiempo, como si fueran sentencias. Su cerebración precaria tartamudea pensamientos adocenados, haciendo gala de simplezas que son la espuma inocente de su tontería. Incapaces de espolear su propia cabeza, renuncian a cualquier sacrificio, alegando la inseguridad del resultado; no sospechan que «hay más placer en marchar hacia la verdad que en llegar a ella».

Sus creencias, amojonadas por los fanatismos de todos los credos, abarcan zonas circunscritas por supersticiones pretéritas. Llaman ideales a sus preocupaciones, sin advertir que son simple rutina embotellada, parodias de razón, opiniones sin juicio. Representan el sentido común desbocado, sin el freno del buen sentido.

Son prosaicos. No tienen afán de perfección: la ausencia de ideales impídeles poner en sus actos el grano de sal que poetiza la vida. Satúrales esa humana tontería que obsesionaba a Flaubert insoportablemente. La ha descrito en muchos personajes, tanta parte tiene en la vida real. Homais y Gournisieu son sus prototipos; es imposible juzgar si es más tonto el racionalismo acometivo del boticario librepensador o la casuística untuosa del eclesiástico profesional. Por eso los hizo felices, de acuerdo con su doctrina: «Ser tonto, egoísta, y tener una buena salud, he ahí las tres condiciones para ser feliz. Pero si os falta la primera todo está perdido».

Sancho Panza es la encarnación perfecta de esa animalidad humana: resume en su persona las más conspicuas proporciones de tontería, egoísmo y salud. En hora para él fatídica llega a maltratar a su amo, en una escena que simboliza el desbordamiento villano de la mediocridad sobre el idealismo. Horroriza pensar que escritores españoles, creyendo mitigar con ello los estragos de la quijotería, hanse tornado apologistas del grosero Panza, oponiendo su bastardo sentido práctico a los quiméricos ensueños del caballero; hubo quien lo encontró cordial, fiel, crédulo, iluso, en grado que lo hiciera un símbolo ejemplar de pueblos. ¿Cómo no distinguir que el uno tiene ideales y el otro apetitos, el uno dignidad y el otro servilismo, el uno fe y el otro credulidad, el uno delirios originales de su cabeza y el otro absurdas creencias imitadas de la ajena? A todos respondió con honda emoción el autor de la *Vida de don Quijote y Sancho*, donde el conflicto espiritual entre el señor y el lacayo se resuelve en la evocación de las palabras memorables pronunciadas por el primero: «asno eres y asno has de ser y en asno has de parar cuando se te acabe el curso de la vida»; dicen los biógrafos que Sancho lloró, hasta convencerse de que para serlo faltábale solamente la cola. El símbolo es cristiano. La moraleja no lo es menor: frente a cada forjador de ideales se alinean impávidos mil Sanchos, como si para contener el advenimiento de la verdad hubieran de complotarse todas las huestes de la estulticia.

El resol de la originalidad ciega al hombre rutinario. Huye de los pensadores alados, albino ante su luminosa reverberación. Teme embriagarse con el perfume de su estilo. Si estuviese en su poder los proscribiría en masa, restaurando la Inquisición o el Terror: aspectos equivalentes de un mismo celo dogmatista.

Todos los rutinarios son intolerantes; su exigua cultura los condena a serlo. Defienden lo anacrónico y lo absurdo; no permiten que sus opiniones sufran el contralor de la experiencia. Llaman hereje al que busca una verdad o persigue un ideal; los negros queman a Bruno y Servet, los rojos decapitan a Lavoisier y Chenier. Ignoran la sentencia de Shakespeare: «El hereje no es el que arde en la hoguera, sino el que la enciende». La tolerancia de los ideales ajenos es virtud suprema en los que piensan. Es difícil para los semicultos; inaccesible. Exige un perpetuo esfuerzo de equilibrio ante el error de los demás; enseña a soportar esa consecuencia legítima de la falibilidad de todo juicio humano. El que se ha fatigado mucho para formar sus creencias, sabe respetar las de los demás. La tolerancia es el respeto en los otros de una virtud propia; la firmeza de las convicciones, reflexivamente adquiridas, hace estimar en los mismos adversarios un mérito cuyo precio se conoce.

Los hombres rutinarios desconfían de su imaginación, santiguándose cuando ésta les atribula con heréticas tentaciones. Reniegan de la verdad y de la virtud si ellas demuestran el error de sus prejuicios; muestran grave inquietud cuando alguien se atreve a perturbarlos. Astrónomos hubo que se negaron a mirar el cielo a través del telescopio, temiendo ver desbaratados sus errores más firmes.

En toda nueva idea presienten un peligro; si les dijeran que sus prejuicios son ideas nuevas, llegarían a creerlos peligrosos. Esa ilusión les hace decir paparruchas con la solemne prudencia de augures que temen desorbitar al mundo con sus profecías. Prefieren el silencio y la inercia; no pensar es su única manera de no equivocarse. Sus cerebros son casas de hospedaje, pero sin dueño; los demás piensan por ellos, que agradecen en lo íntimo ese favor.

En todo lo que no hay prejuicios definitivamente consolidados, los rutinarios carecen de opinión. Sus ojos no saben distinguir la luz de la sombra, como los palurdos no distinguen el oro del dublé: confunden la tolerancia con la cobardía, la discreción con el servilismo, la complacencia con la indignidad, la simulación con el mérito. Llaman insensatos a los que suscriben mansamente los errores consagrados y conciliadores a los que renuncian a tener creencias propias: la originalidad en el pensar les produce escalofríos. Comulgan en todos los altares, apelmazando creencias incompatibles y llamando eclecticismo a sus chafarrinadas; creen, por eso, descubrir una agudeza particular en el arte de no comprometerse con juicios decisivos. No sospechan que la duda del hombre superior fue siempre de otra especie, antes ya de que lo explicara Descartes: es afán de rectificar los propios errores hasta aprender que toda creencia es falible y que los ideales admiten perfeccionamientos indefinidos. Los rutinarios, en cambio, no se corrigen ni se desconvencen nunca; sus prejuicios son como los clavos: cuanto más se golpean más se adentran. Se tedian con los escritores que dejan rastro donde ponen la mano, denunciando una personalidad en cada frase, máxime si intentan subordinar el estilo de las ideas; prefieren las desteñidas lucubraciones de los autores apampanados, exentas de las aristas que dan relieve a toda forma y cuyo mérito consiste en transfigurar vulgaridades mediante barrocos adjetivos. Si un ideal parpadea en las páginas, si la verdad hace crujir el pensamiento en las frases, los libros parécenles material de hoguera; cuando ellos pueden ser un punto luminoso en el porvenir o hacia la perfección, los rutinarios les desconfían.

La caja cerebral del hombre rutinario es un alhajero vacío. No pueden razonar por sí mismos, como si el seso les faltara.

Una antigua leyenda cuenta que cuando el creador pobló el mundo de hombres, comenzó por fabricar los cuerpos a guisa de maniquíes. Antes de lanzarlos a la circulación levantó sus calotas craneanas y llenó las cavidades con pastas divinas, amalgamando las aptitudes y cualidades del espíritu, buenas y malas. Fuera imprevisión al calcular las cantidades, o desaliento al ver los primeros ejemplares de su obra maestra, quedaron muchos sin mezcla y fueron enviados al mundo sin nada dentro. Tal legendario origen explicaría la existencia de hombres cuya cabeza tiene una significación puramente ornamental.

Viven de una vida que no es vivir. Crecen y mueren como las plantas. No necesitan ser curiosos ni observadores. Son prudentes, por definición, de una prudencia desesperante: si uno de ellos pasara junto al campanario inclinado de Pisa, se alejaría de él, temiendo ser aplastado. El hombre original, imprudente, se detiene a contemplarlo; un genio va más lejos; trepa al campanario, observa, medita, ensaya, hasta descubrir las leyes más altas de la física. Galileo.

Si la humanidad hubiera contado solamente con los rutinarios, nuestros conocimientos no excederían de los que tuvo el ancestral hominidio. La cultura es el fruto de la curiosidad, de esa inquietud misteriosa que invita a mirar el fondo de todos los abismos. El ignorante no es curioso; nunca interroga a la naturaleza. Observa Ardigó que las personas vulgares pasan la vida entera viendo la Luna en su sitio, arriba, sin preguntarse por qué está siempre allí, sin caerse; más bien creerán que el preguntárselo no es propio de un hombre cuerdo. Dirían que está allí porque es su sitio y encontrarán extraño que se busque la explicación de cosa tan natural. Solo el hombre de buen sentido, que cometa la incorrección de oponerse al sentido común, es decir, un original o un genio que en esto se homologan, puede formular la pregunta sacrílega: ¿por qué la Luna está allí y no cae? Ese hombre que osa desconfiar de la rutina es Newton, un audaz a quien incumbe adivinar algún parecido entre la pálida lámpara suspendida en el cielo y la manzana que cae del árbol mecido por la brisa. Ningún rutinario habría descubierto que una misma fuerza hace girar la Luna hacia arriba y caer la manzana hacia abajo.

En esos hombres, inmunes a la pasión de la verdad, supremo ideal a que sacrifican su vida pensadores y filósofos, no caben impulsos de perfección. Sus inteligencias son como las aguas muertas; se pueblan de gérmenes nocivos y acaban por descomponerse. El que no cultiva su mente, va derecho a la disgregación de su personalidad. No desbaratar la propia ignorancia es perecer en vida. Las tierras fértiles se enmalezan cuando no son cultivadas; los espíritus rutinarios se pueblan de prejuicios, que los esclavizan.

II. Los estigmas de la mediocridad intelectual

En el verdadero hombre mediocre la cabeza es un simple adorno del cuerpo. Si nos oye decir que sirve para pensar, cree que estamos locos. Diría que lo estuvo Pascal si leyera sus palabras decisivas: «Puedo concebir un hombre sin manos, sin pies; llegaría hasta concebirlo sin cabeza, si la experiencia no me enseñara que por ella se piensa. Es el pensamiento lo que caracteriza al hombre; sin él no podemos concebirlo» (*Pensées*; XXIII). Si de esto dedujéramos que quien no piensa no existe, la conclusión le desternillaría de risa.

Nacido sin *esprit de finesse*, desesperaríase en vano por adquirirlo. Carece de perspicacia adivinadora; está condenado a no adentrarse en las cosas o en las personas. Su tontería no presenta soluciones de continuidad. Cuando la envidia le corroe, puede atornasolarse de agridulces perversidades; fuera de tal caso, diríase que el armiño de su candor no presenta una sola mancha de ingenio.

El mediocre es solemne. En la pompa grandílocua de las exterioridades busca un disfraz para su íntima oquedad; acompaña con fofa retórica los mínimos actos y pronuncia palabras insubstanciales, como si la Humanidad entera quisiese oírlas. Las mediocracias exigen de sus actores cierta seriedad convencional, que da importancia en la fantasmagoría colectiva. Los exitistas lo saben; se adaptan a ser esas vacuas personalidades de respeto, certeramente acribilladas por Stirner y expuestas por Nietzsche a la burla de todas las posteridades. Nada hacen por dignificar su yo verdadero, afanándose tan solo por inflar su fantasma social. Esclavos de la sombra que sus apariencias han proyectado en la opinión de los demás, acaban por preferirla a sí mismos. Ese culto de la sombra oblígalos a vivir en continua alarma; suponen que basta un momento de distracción para comprometer la obra pacientemente elaborada en muchos años. Detestan la risa, temerosos de que el gas pueda escaparse por la comisura de los labios y el globo se desinfle. Destituirían a un funcionario del Estado si le sorprendieran leyendo a Boccaccio, Quevedo o Rabelais; creen que el buen humor compromete la respetuosidad y estimula el hábito anarquista de reír. Constreñidos a vegetar en horizontes estrechos, llegan hasta desdeñar todo lo ideal y todo lo agradable, en nombre de lo inmediatamente provechoso. Su miopía mental impídeles comprender el equilibrio supremo entre la elegancia y la fuerza, la belleza y la sabiduría. «Donde creen descubrir las gracias del cuerpo, la agilidad, la destreza, la flexibilidad, rehúsan los dones del alma: la profundidad, la reflexión, la sabiduría. Borran de la historia que el más sabio y el más virtuoso de los hombres, Sócrates, bailaba.» Esta aguda advertencia de Montaigne, en los *Ensayos*, mereció una corroboración de Pascal en sus *Pensamientos*: «Ordinariamente suele imaginarse a Platón y Aristóteles con grandes togas y como personajes graves y serios. Eran buenos sujetos, que jaraneaban, como los demás, en el seno de la amistad. Escribieron sus leyes y sus retratos de política para distraerse y divertirse; ésa era la parte menos filosófica de su vida. La más filosófica era vivir sencilla y tranquilamente.» *El hombre mediocre* que renunciara a su solemnidad, quedaría desorbitado; no podría vivir.

Son modestos, por principio. Pretenden que todos lo sean, exigencia tanto más fácil por cuanto en ellos sobra la modestia, desde que están desprovistos de méritos verdaderos. Consideran tan nocivo al que afirma las propias superioridades en voz alta como al que ríe de sus convencionalismos suntuosos. Llaman modestia a la prohibición de reclamar los derechos naturales del genio, de la santidad o del heroísmo. Las únicas víctimas de esa falsa virtud son los hombres excelentes, constreñidos a no pestañear mientras los envidiosos empañan su gloria. Para los tontos nada más fácil que ser modestos: lo son por necesidad irrevocable; los más inflados lo fingen por cálculo, considerando que esa actitud es el complemento necesario de la solemnidad y deja sospechar la existencia de méritos pudibundos. Heine dijo: «Los charlatanes de la modestia son los peores de todos». Y Goethe sentenció: «Solamente los bribones son modestos». Ello no obsta para que esa reputación sea un tesoro en las mediocracias. Se presume que el modesto nunca pretenderá ser original, ni alzará su palabra, ni tendrá opiniones peligrosas, ni desaprobará a los que gobiernan, ni blasfemará de los dogmas sociales: el hombre que acepta esa máscara hipócrita renuncia a vivir más de lo que permiten sus cómplices. Hay, es cierto, otra forma de modestia, estimable como virtud legítima: es el afán decoroso de no gravitar sobre los que nos rodean, sin declinar por ello la más leve partícula de nuestra dignidad. Tal modestia es un simple respeto de sí mismo y de los demás. Esos hombres son raros; comparados con los falsos modestos, son como los tréboles de cuatro hojas. Fracasados hay que se creen genios no comprendidos y se resignan a ser modestos para complacer a la mediocracia que puede transformarlos en funcionarios; y son mediocres, lo mismo que los otros, con más la cataplasma de la modestia sobre las úlceras de su mediocridad. En ellos, como sentenció La Bruyére, «la falsa modestia es el último refinamiento de la vanidad». La mentira de Tartarín es ridícula; pero la de Tartufo es ignominiosa.

Adoran el sentido común, sin saber de seguro en qué consiste; confúndenlo con el buen sentido, que es su síntesis. Dudan cuando las demás resuelven dudar y son eclécticos cuando los otros lo son: llaman eclecticismo al sistema de los que, no atreviéndose a tener ninguna opinión, se apropian de todo un poco y logran encender una vela en el altar de cada santo. Temerosos de pensar, como si fincasen en ello el pecado mayor de los siete capitales, pierden la aptitud para todo juicio; por eso cuando un mediocre es juez, aunque comprenda que su deber es hacer justicia, se somete a la rutina y cumple el triste oficio de no hacerla nunca y embrollarla con frecuencia.

El temor de comprometerse les lleva a simpatizar con un precavido escepticismo. Bueno es desconfiar del hipócrita que elogia todo y del fracasado que todo lo encuentra detestable; pero es cien veces menos estimable el hombre incapaz de un sí y de un no, el que vacila para admirar lo digno y execrar lo miserable. En el primer capítulo de los *Caracteres* parece referirse a ellos, La Bruyére, en un párrafo copiado por Hello: «Pueden llegar a sentir la belleza de un manuscrito que se les lee, pero no osan declarar en su favor hasta que hayan visto su curso en el mundo y escuchado la opinión de los presuntos competentes; no arriesgan su voto, quieren ser llevados por la multitud. Entonces dicen que han sido los primeros en aprobar la obra y cacarean que el público es de su opinión». Temerosos de juzgar por sí mismos, se consideran obligados a dudar de los jóvenes; ello no les impide, después de su triunfo, decir que fueron sus descubridores. Entonces prodíganles juramentos de esclavitud que llaman palabras de estímulo: son el homenaje de su pavor inconfesable. Su protección a toda superioridad ya irresistible, es un anticipo usuario sobre la gloria segura: prefieren tenerla propicia a sentirla hostil.

Hacen mal por imprevisión o por inconsciencia, como los niños que matan gorriones a pedradas. Traicionan por descuido. Comprometen por distracción. Son incapaces de guardar un secreto; confiárselo equivale a ocultar un tesoro en caja de vidrio. Si la vanidad no les tienta, suelen atravesar la penumbra sin herir ni ser heridos, llevando a cuestas cierto optimismo de Pangloss. A fuerza de paciencia pueden adquirir alguna habilidad parcial, como esos autómatas perfeccionados que honran a la juguetería moderna: podría concedérseles una especie de viveza, quisicosa del ser y del no ser, intermediaria entre una estupidez complicada y una travesura inocente. Juzgan las palabras sin advertir que ellas se refieren a cosas; se convencen de lo que ya tiene un sitio marcado en su mollera y muéstranse esquivos a lo que no encaja en su espíritu. Son feligreses de la palabra; no ascienden a la idea ni conciben el ideal. Su mayor ingenio es siempre verbal y solo llegan al chascarrillo, que es una prestidigitación de palabras; tiemblan ante los que pueden jugar con las ideas y producir esa gracia del espíritu que es la paradoja. Mediante ésta se descubren los puntos de vista que permiten conciliar los contrarios y se enseña que toda creencia es relativa al que la cree pudiendo sus contrarias ser creídas por otros al mismo tiempo.

La mediocridad intelectual hace al hombre solemne, modesto, indeciso y obtuso. Cuando no le envenenan la vanidad y la envidia, diríase que duerme sin soñar. Pasea su vida por las llanuras; evita mirar desde las cumbres que escalan los videntes y asomarse a los precipicios que sondan los elegidos. Vive entre los engranajes de la rutina.

III. La maledicencia

Si se limitaran a vegetar, agobiados como cariátides bajo el peso de sus atributos, los hombres sin ideales escaparían a la reprobación y a la alabanza. Circunscritos a su órbita, serían tan respetables como los demás objetos que nos rodean. No hay culpa en nacer sin dotes excepcionales; no podría exigírseles que treparan las cuestas riscosas por donde ascienden los ingenios preclaros. Merecerían la indulgencia de los espíritus privilegiados, que no la rehúsan a los imbéciles inofensivos. Estos últimos, con ser más indigentes, pueden justificarse ante un optimismo risueño: zurdos en todo, rompen el tedio y hacen parecer la vida menos larga, divirtiendo a los ingeniosos y ayudándolos a andar el camino. Son buenos compañeros y depositan el bazo durante la marcha: habría que agradecerles los servicios que prestan sin sospecharlo. Los mediocres, lo mismo que los imbéciles, serían acreedores a esa amable tolerancia mientras se mantuvieran a la capa;

cuando renuncian a imponer sus rutinas son sencillos ejemplares del rebaño humano, siempre dispuestos a ofrecer su lana a los pastores.

Desgraciadamente, suelen olvidar su inferior jerarquía y pretenden tocar la zampoña, con la irrisoria pretensión de sus desafinamientos. Tórnanse entonces peligrosos y nocivos. Detestan a los que no pueden igualar, como si con solo existir los ofendieran. Sin alas para elevarse hasta ellos, deciden rebajarlos: la exigüidad del propio valimiento les induce a roer el mérito ajeno. Clavan sus dientes en toda reputación que les humilla, sin sospechar que nunca es más vil la conducta humana. Basta ese rasgo para distinguir al doméstico del digno, al ignorante del sabio, al hipócrita del virtuoso, al villano del gentilhombre. Los lacayos pueden hozar en la fama; los hombres excelentes no saben envenenar la vida ajena.

Ninguna escena alegórica posee más honda elocuencia que el cuadro famoso de Sandro Botticelli. *La calumnia* invita a meditar con doloroso recogimiento; en toda la Galería de los Oficios parecen resonar las palabras que el artista —no lo dudamos— quiso poner en labios de la Verdad, para consuelo de la víctima: en su encono está la medida de su mérito...

La Inocencia yace, en el centro del cuadro, acoquinada bajo el infame gesto de la Calumnia. La Envidia la precede; el Engaño y la Hipocresía la acompañan. Todas las pasiones viles y traidoras suman su esfuerzo implacable para el triunfo del mal. El Arrepentimiento mira de través hacia el opuesto extremo, donde está, como siempre sola y desnuda, la Verdad; contrastando con el salvaje ademán de sus enemigas, ella levanta su índice al cielo en una tranquila apelación a la justicia divina. Y mientras la víctima junta sus manos y las tiende hacia ella, en una súplica infinita y conmovedora, el juez Midas presta sus vastas orejas a la Ignorancia y la Sospecha.

En esta apasionada reconstrucción de un cuadro de Apeles, descrito por Luciano, parece adquirir dramáticas firmezas el suave pincel que desborda dulzuras en la *Virgen del granado* y el *San Sebastián*, invita al remordimiento con *La abandonada*, santifica la vida y el amor en la *Alegría de la primavera* y el *Nacimiento de Venus*.

Los mediocres, más inclinados a la hipocresía que al odio, prefieren la maledicencia sorda a la calumnia violenta. Sabiendo que ésta es criminal y arriesgada, optan por la primera, cuya infamia es subrepticia y sutil. La una es audaz; la otra cobarde. El calumniador desafía el castigo, se expone; el maldiciente lo esquiva. El uno se aparta de la mediocridad, es antisocial, tiene el valor de ser delincuente; el otro es cobarde y se encubre con la complicidad de sus iguales, manteniéndose en la penumbra.

Los maldicientes florecen doquiera: en los cenáculos, en los clubs, en las academias, en las familias, en las profesiones, acosando a todos los que perfilan alguna originalidad. Hablan a media voz, con recato, constantes en su afán de taladrar la dicha ajena, sombrando a puñados la semilla de todas las yerbas venenosas. La maledicencia es una serpiente que se insinúa en la conversación de los envilecidos; sus vértebras son nombres propios, articuladas por los verbos más equívocos del diccionario para arrastrar un cuerpo cuyas escamas son calificativos pavorosos.

Vierten la infamia en todas las copas transparentes, con serenidad de Borgias; las manos que la manejan parecen de prestidigitadores, diestras en la manera y amables en la forma. Una sonrisa, un levantar de espaldas, un fruncir la frente como subscribiendo a la posibilidad del mal, bastan para macular la probidad de un hombre o el honor de una mujer. El maldiciente, cobarde entre todos los envenenadores, está seguro de la impunidad; por eso es despreciable. No afirma, pero insinúa; llega hasta desmentir imputaciones que nadie hace, contando con la irresponsabilidad de hacerlas en esa forma. Miente con espontaneidad, como respira. Sabe seleccionar lo que converge a la detracción. Dice distraídamente todo el mal de que no está seguro y calla con prudencia todo el bien que sabe. No respeta las virtudes íntimas ni los secretos del hogar, nada; inyecta la gota de ponzoña que asoma como una irrupción en sus labios irritados, hasta que por toda la boca, hecha una pústula, el interlocutor espera ver salir, en vez de lengua, un estilete.

Sin cobardía, no hay maledicencia. El que puede gritar cara a cara una injuria, el que denuncia a voces un vicio ajeno, el que acepta los riesgos de sus decires, no es un maldiciente. Para serlo es menester temblar ante la idea del castigo posible y cubrirse con las máscaras menos sospechosas. Los peores son los que maldicen elogiando: templan su aplauso con arremangadas reservas, más graves que las peores imputaciones. Tal bajeza en el pensar es una insidiosa manera de practicar el mal, de efectuar lo potencialmente sin el valor de la acción rectilínea.

Si estos basiliscos parlantes poseen algún barniz de cultura, pretenden encubrir su infamia con el pabellón de la espiritualidad. Vana esperanza; están condenados a perseguir la gracia y tropezar con la perfidia. Su burla no es sonrisa, es mueca. El ejercicio puede tornarles fácil la malignidad zumbona, pero ella no se confunde con la ironía sagaz y justa. La ironía es la perfección del ingenio, una convergencia de intención y de sonrisa aguda en la oportunidad y justa en la medida; es un cronómetro, no anda mucho, sino con precisión. Eso lo ignora el mediocre. Le es más fácil ridiculizar una sublime acción que imitarla. En las sobremesas subalternas su dicacidad urticante puede confundirse con la gracia, mientras le ampara la complicidad maldiciente; pero fáltale el aticismo sano del que todo perdona en fuerza de comprenderlo todo y esa inteligencia cristalina que permite descifrar la verdad en la entraña misma de las cosas que el vaivén mundano somete a nuestra experiencia. Esos oficios tienen malignidades perversas por su misma falta de hidalguía; disfrazan de mesurada condolencia el encono de su inferioridad humillada. Los calumniadores minúsculos son más terribles, como las fuerzas moleculares que nadie ve y carcomen los metales más nobles. Nada teme el maldiciente al sembrar sus añagazas de esterquilinio; sabe que tiene a su espalda un innumerable jabardillo de cómplices, regocijados cada vez que un espíritu omiso los confabula contra una estrella.

El escritor mediocre es peor por su estilo que por su moral. Rasguña tímidamente a los que envidia; en sus collonadas se nota la temperancia del miedo, como si le erizaran los peligros de la responsabilidad. Abunda entre los malos escritores, aunque no todos los mediocres consiguen serlo; muchos se limitan a ser terriblemente aburridos, acosándonos con volúmenes que podrían terminar en el primer párrafo. Sus páginas están embalumadas de lugares comunes, como los ejercicios de las guías políglotas. Describen dando tropiezos contra la realidad; son objetivos que operan y no retortas que destilan; se desesperan pensando que la calcomanía no figura entre las bellas artes. Si acometen la literatura, diríase que Vasco da Gama emprende el descubrimiento de todos los lugares comunes, sin vislumbrar el cabo de una buena esperanza; si chapalean la ciencia, su andar es de mula montañesa, deteniéndose a rumiar el pienso pastado medio siglo antes por sus predecesores. Esos fieles de la rapsodia y de la paráfrasis practican esa pudibunda modestia que es su mentira convencional; se admiran entre sí, como solidaridad de logia, execrando cualquier soplo de ciclón o revoloteo de águila. Palidecen ante el orgullo desdeñoso de los hombres cuyos ideales no sufren inflexiones; fingen no comprender esa virtud de santos y de sabios, supremo desprecio de todas las mentiras por ellos veneradas. El escritor mediocre, tímido y prudente, resulta inofensivo. Solamente la envidia puede encelarle; entonces prefiere hacerse crítico.

El mediocre parlante es peor por su moral que por su estilo; su lengua centuplícase en copiosidades acicaladas y las palabras ruedan sin la traba de la ulterioridad. La maledicencia oral tiene eficacias inmediatas, pavorosas. Está en todas partes, agrede en cualquier momento. Cuando se reúnen espíritus pazguatos, para turnarse en decir pavadas sin interés para quien las oye, el terreno es propicio para que el más alevoso comience a maldecir de algún ilustre, rebajándolo hasta su propio nivel. La eficacia de la difamación arraiga en la complacencia tácita de quienes la escuchan, en la cobardía colectiva de cuantos pueden escucharla sin indignarse; moriría si ellos no le hicieran una atmósfera vital. Ése es su secreto. Semejante a la moneda falsa, es circulada sin escrúpulos por muchos que no tendrían el valor de acuñarla.

Las lenguas más acibaradas son las de aquellos que tienen menos autoridad moral, como enseña Moliere desde la primera escena de Tartufo:

Ceut de qui la conduite offre le plus à rire
Sont toujours sur autres les premiers a médire.[2]

2 Aquéllos en quienes la conducta se presta más a risa, son siempre, los primeros en hablar mal de los demás. (N. del E.)

Diríase que empañan la reputación ajena para disminuir el contraste con la propia. Eso no excluye que existan casquivanos cuya culpa es inconsciente; maldicen por ociosidad o por diversión, sin sospechar dónde conduce el camino en que se aventuran. Al contar una falta ajena ponen cierto amor propio en ser interesantes, aumentándola, adornándola, pasando insensiblemente de la verdad a la mentira, de la torpeza a la infamia, de la maledicencia a la calumnia. ¿Para qué evocar las palabras memorables de la comedia de Beaumarchais?

IV. El sendero de la gloria

El hombre mediocre que se aventura en la liza social tiene apetitos urgentes: el éxito. No sospecha que existe otra cosa, la gloria, ambicionada solamente por los caracteres superiores. Aquél es un triunfo efímero, al contado; ésta es definitiva, inmarcesible en los siglos. El uno se mendiga; la otra se conquista.

Es despreciable todo cortesano de la mediocracia en que vive; triunfa humillándose, reptando, a hurtadillas, en la sombra, disfrazado, apuntalándose en la complicidad de innumerables similares. El hombre de mérito se adelanta a su tiempo, la pupila puesta en un ideal; se impone dominando, iluminando, fustigando, en plena luz, a cara descubierta, sin humillarse, ajeno a todos los embozamientos del servilismo y de la intriga.

La popularidad tiene peligros. Cuando la multitud clava sus ojos por vez primera en un hombre y le aplaude, la lucha empieza: desgraciado quien se olvida de sí mismo para pensar solamente en los demás. Hay que poner más lejos la intención y la esperanza, resistiendo las tentaciones del aplauso inmediato; la gloria es más difícil, pero más digna.

La vanidad empuja al hombre vulgar a perseguir un empleo expectable en la administración del Estado, indignamente si es necesario; sabe que su sombra lo necesita. El hombre excelente se reconoce porque es capaz de renunciar a toda prebenda que tenga por precio una partícula de su dignidad. El genio se mueve en su órbita propia, sin esperar sanciones ficticias de orden político, académico o mundano; se revela por la perennidad de su irradiación, como si fuera su vida un perpetuo amanecer.

El que flota en la atmósfera como una nube, sostenido por el viento de la complicidad ajena, puede abocadar por la adulación lo que otros deberían recibir por sus aptitudes; pero quien obtiene favores sin tener méritos, debe temblar: fracasará después, cien veces, en cada cambio de viento. Los nobles ingenios solo confían en sí mismos, luchan, salvan los obstáculos, se imponen. Sus caminos son propiamente suyos; mientras el mediocre se entrega al error colectivo que le arrastra, el superior va contra él con energías inagotables, hasta despejar su ruta.

Merecido o no, el éxito es el alcohol de los que combaten. La primera vez embriaga; el espíritu se aviene a él insensiblemente; después se convierte en imprescindible necesidad. El primero, grande o pequeño, es perturbador. Se siente una indecisión extraña, un cosquilleo moral que deleita y molesta al mismo tiempo, como la emoción del adolescente que se encuentra a solas por vez primera con una mujer amada: emoción tierna y violenta, estimula e inhibe a la vez, instiga y amilana.

Mirar de frente al éxito, equivale a asomarse a un precipicio: se retrocede a tiempo o se cae en él para siempre. Es un abismo irresistible, como una boca juvenil que invita al beso; pocos retroceden. Inmerecido, es un castigo, un filtro que envenena la vanidad y hace infeliz para siempre; el hombre superior, en cambio, acepta como simple anticipación de la gloria ese pequeño tributo de la mediocridad, vasalla de sus méritos.

Se presenta bajo cien aspectos, tienta de mil maneras. Nace por un accidente inesperado, llega por senderos invisibles. Basta el simple elogio de un maestro estimado, el aplauso ocasional de una multitud, la conquista fácil de una hermosa mujer; todos se equivalen, embriagan lo mismo. Corriendo el tiempo, tórnase imposible eludir el hábito de esta embriaguez; lo único difícil es iniciar la costumbre, como para todos los vicios. Después no se puede vivir sin el tósigo vivificador y esa ansiedad atormenta la existencia del que no tiene alas para ascender sin la ayuda de cómplices y de pilotos. Para el hombre acomodaticio hay una certidumbre absoluta: sus éxitos son ilusorios y fugaces, por humillante que le haya sido obtenerlos. Ignorando que el árbol espiritual tiene frutos, se preocupa por cosechar la hojarasca; vive de lo aleatorio, acechando las ocasiones propicias.

Los grandes cerebros ascienden por la senda exclusiva del mérito; o por ninguna. Saben que en las mediocracias se suelen seguir otros caminos; por eso no se sienten nunca vencidos, ni sufren de un contraste más de lo que gozan de un éxito; ambos son obra de los demás. La gloria depende de ellos mismos. El éxito les parece un simple reconocimiento de su derecho, un impuesto de admiración que se les paga en vida. Taine conoció en su juventud el goce del maestro que ve concurrir a sus lecciones un tropel de alumnos; Mozart ha narrado las delicias del compositor cuyas melodías vuelven a los labios del transeúnte que silba para darse valor al atravesar de noche una encrucijada solitaria; Musset confiesa que fue una de sus grandes voluptuosidades oír sus versos recitados por mujeres bellas; Castelar comentó la emoción del orador que escucha el aplauso frenético tributado por miles de hombres. El fenómeno es común, sin ser nuevo. Julio César, al historiar sus campañas, trasunta la ebriedad salvaje del que conquista pueblos y aniquila hordas; los biógrafos de Beethoven narran su impresión profunda cuando se volvió a contemplar las ovaciones que su sordera le impedía oír, al estrenar la Novena sinfonía; Stendhal ha dicho, con su ática gracia original, las fruiciones del amador afortunado que ve sucesivamente a sus pies, temblorosas de fiebre y ansiedad, a cien mujeres.

El éxito es benéfico si es merecido; exalta la personalidad, la estimula. Tiene otra virtud: destierra la envidia, ponzoña incurable en los espíritus mediocres. Triunfar a tiempo, merecidamente, es el más favorable rocío para cualquier germen de superioridad moral. El triunfo es un bálsamo de los sentimientos, una lima eficaz contra las asperezas del carácter. El éxito es el mejor lubricante del corazón; el fracaso es su más urticante corrosivo.

La popularidad o la fama suelen dar transitoriamente la ilusión de la gloria. Son sus formas espurias y subalternas, extensas pero no profundas, esplendorosas pero fugaces. Son más que el simple éxito, accesible al común de los mortales; pero son menos que la gloria, exclusivamente reservada a los hombres superiores. Son oropel, piedra falsa, luz de artificio. Manifestaciones directas del entusiasmo gregario y, por eso mismo, inferiores: aplauso de multitud, con algo de frenesí inconsciente y comunicativo. La gloria de los pensadores, filósofos y artistas, que traducen su genialidad mediante la palabra escrita, es lenta, pero estable; sus admiradores están dispersos, ninguno aplaude a solas. En el teatro y en la asamblea la admiración es rápida y barata, aunque ilusoria; los oyentes se sugestionan recíprocamente, suman su entusiasmo y tallan en ovaciones. Por eso cualquier histrión de tres al cuarto puede conocer el triunfo más cerca que Aristóteles o Spinoza; la intensidad, que es el éxito, este en razón inversa de la duración, que es la gloria. Tales aspectos caricaturescos de la celebridad dependen de una aptitud secundaria del actor o de un estado accidental de la mentalidad colectiva. Amenguada la aptitud o transpuesta la circunstancia, vuelven a la sombra y asisten en vida a sus propios funerales.

Entonces pagan cara su notoriedad; vivir en perpetua nostalgia es su martirio. Los hijos del éxito pasajero deberían morir al caer en la orfandad. Algún poeta melancólico escribió que es hermoso vivir de los recuerdos: frase absurda. Ello equivale a agonizar. Es la dicha del pintor maniatado por la ceguera, del jugador que mira el tapete y no puede arriesgar una sola ficha.

En la vida se es actor o público, timonel o galeote. Es tan doloroso pasar del timón al remo, como salir del escenario para ocupar una butaca, aunque ésta sea de primera fila. El que ha conocido el aplauso no sabe resignarse a la oscuridad; ésa es la parte más cruel de toda preeminencia fundada en el capricho ajeno o en aptitudes físicas transitorias. El público oscila con la moda; el físico se gasta. La fama de un orador, de un esgrimista o de un comediante, solo dura lo que una juventud; la voz, las estocadas y los gestos se acaban alguna vez, dejando lo que en el bello decir dantesco representa el dolor sumo: recordar en la miseria el tiempo feliz.

Para estos triunfadores accidentales, el instante en que se disipa su error debería ser el último de la vida. Volver a la realidad es una suprema tristeza. Preferible es que un Otelo excesivo mate de veras sobre el tablado a una Desdémona próxima a envejecer, o desnucarse el acróbata en un salto prodigioso, o rompérsele un aneurisma al orador mientras habla a cien mil hombres que aplauden, o ser apuñalado un Don Juan por la amante más hermosa y sensual. Ya que se mide la vida por sus horas de dicha convendría despedirse de ella sonriendo, mirándola de frente, con dignidad, con la sensación de que se ha merecido vivirla hasta el último instante. Toda ilusión que se desvanece deja tras de sí una sombra indisipable. La fama y la celebridad no son la gloria: nada más falaz que la sanción de los contemporáneos y de las muchedumbres.

Compartiendo las ruinas y las debilidades de la mediocridad ambiente, fácil es convertirse en arquetipos de la masa y ser prohombres entre sus iguales, pero quien así culmina, muere con ellos. Los genios, los santos y los héroes desdeñan toda sumisión al presente, puesta la proa hacia un remoto ideal: resultan prohombres en la historia.

La integridad moral y la excelencia de carácter son virtudes estériles en los ambientes rebajados, más asequibles a los apetitos del doméstico que a las altiveces del digno: en ellos se incuba el éxito falaz. La gloria nunca ciñe de laureles la sien del que se ha complicado en las ruinas de su tiempo; tardía a menudo, póstuma a veces, aunque siempre segura, suele ornar las frentes de cuantos miraron el porvenir y sirvieron a un ideal, practicando aquel lema que fue la noble divisa de Rousseau: *vitam impendere vero.*

Capítulo III. Los valores morales

I. La moral de Tartufo

La hipocresía es el arte de amordazar la dignidad; ella hace enmudecer los escrúpulos en los hombres incapaces de resistir la tentación del mal. Es falta de virtud para renunciar a éste y de coraje para asumir su responsabilidad. Es el guano que fecundiza los temperamentos vulgares, permitiéndoles prosperar en la mentira: como esos árboles cuyo ramaje es más frondoso cuando crecen a inmediaciones de las ciénagas.

Hiela, donde ella pasa, todo noble germen de ideal: zarzagán del entusiasmo. Los hombres rebajados por la hipocresía viven sin ensueño, ocultando sus intenciones, enmascarando sus sentimientos, dando saltos como el eslizón; tienen la certidumbre íntima, aunque inconfesa, de que sus actos son indignos, vergonzosos, nocivos, arrufianados, irredimibles. Por eso es insolvente su moral: implica siempre una simulación.

Ninguna fe impulsa a los hipócritas; no sospechan el valor de las creencias rectilíneas. Esquivan la responsabilidad de sus acciones, son audaces en la traición y tímidos en la lealtad. Conspiran y agreden en la sombra, escamotean vocablos ambiguos, alaban con reticencias ponzoñosas y difaman con afelpada suavidad. Nunca lucen un galardón inconfundible: cierran todas las rendijas de su espíritu por donde podría asomar desnuda su personalidad, sin el ropaje social de la mentira.

En su anhelo simulan las aptitudes y cualidades que consideran ventajosas para acrecentar la sombra que proyectan en su escenario. Así como los ingenios exiguos mimetizan el talento intelectual, embalumándose de refinados artilugios y defensas, los sujetos de moralidad indecisa parodian el talento moral, oropelando de virtud su honestidad insípida. Ignoran el veredicto del propio tribunal interior; persiguen el salvoconducto otorgado por los cómplices de sus prejuicios convencionales.

El hipócrita suele aventajarse de su virtud fingida, mucho más que el verdadero virtuoso. Pululan hombres respetados en fuerza de no descubrírseles bajo el disfraz; bastaría penetrar en la intimidad de sus sentimientos, un solo minuto, para advertir su doblez y trocar en desprecio la estimación. El psicólogo reconoce al hipócrita; rasgos hay que distinguen al virtuoso del simulador, pues mientras éste es un cómplice de los prejuicios que fermentan en su medio, aquél posee algún talento que le permite sobreponerse a ellos.

Todo apetito numulario despierta su acucia y le empuja a descubrirse. No retrocede ante las arterías, es fácil a los besamanos femeninos, sabe oliscar el deseo de los amos, se da al mejor oferente, prospera a fuerza de marañas. Triunfa sobre los sinceros, toda vez que el éxito estriba en aptitudes viles: el hombre leal es con frecuencia su víctima. Cada Sócrates encuentra su Mélitos y cada Cristo su Judas.

La hipocresía tiene matices. Si el mediocre moral se aviene a vegetar en la penumbra, no cabe bajo el escalpelo del psicólogo: su vicio es un simple reflejo de mentiras que infestan la moral colectiva. Su culpa comienza cuando intenta agitarse dentro de su basta condición, pretendiendo igualarse a los virtuosos. Chapaleando en los muladares de la intriga, su honestidad se mancilla y se encanalla en pasiones innoblemente desatadas. Tórnase capaz de todos los rencores. Supone simplemente honesto, como él, a todo santo o virtuoso; no descansa en amenguar sus méritos. Intenta igualar abajo, no pudiendo hacerlo arriba. Persigue a los caracteres superiores, pretende confundir sus excelencias con las propias mediocridades, desahoga sordamente una envidia que no confiesa, en la penumbra, ensalobrándose, babeando sin morder, mintiendo sumisión y amor a los mismos que detesta y carcome. Su malsinidad está inquietada con escrúpulos que le obligan a avergonzarse en secreto; descubrirle es el más cruel de los suplicios. Es su castigo.

El odio es loable si lo comparamos con la hipocresía.

En ello se distinguen la subrepticia medrosidad del hipócrita y la adamantina lealtad del hombre digno. Alguna vez éste se encrespa y pronuncia palabras que son un estigma o un epitafio; su rugido es la luz de un relámpago fugaz y no deja escorias en su corazón, se desahoga por un gesto violento, sin envenenarle. Las naturalezas viriles poseen un exceso de fuerza plástica cuya función regeneradora cura prontamente las hondas heridas y trae el perdón. La juventud tiene entre sus preciosos atributos la incapacidad de dramatizar largo tiempo las pasiones malignas; el hombre que ha perdido la aptitud de borrar sus odios está ya viejo, irreparablemente. Sus heridas son tan imborrables como sus canas. Y como éstas, puede teñirse el odio: la hipocresía es la tintura de esas canas morales.

Sin fe en creencia alguna, el hipócrita profesa las más provechosas. Atafagado por preceptos que entiende mal, su moralidad parece un pelele hueco; por eso, para conducirse, necesita la muleta de alguna religión. Prefiere las que afirman la existencia del purgatorio y ofrecen redimir las culpas por dinero. Esa aritmética de ultratumba le permite disfrutar más tranquilamente los beneficios de su hipocresía; su religión es una actitud y no un sentimiento. Por eso suele exagerarla: es fanático. En los santos y en los virtuosos, la religión y la moral pueden correr parejas; en los hipócritas, la conducta baila en compás distinto del que marcan los mandamientos.

Las mejores máximas teóricas pueden convertirse en acciones abominables; cuanto más se pudre la moral práctica, tanto mayor es el esfuerzo por rejuvenecerla con harapos de dogmatismo. Por eso es declamatoria y suntuosa la retórica de Tartufo, arquetipo del género, cuya creación pone a Molière entre los más geniales psicólogos de todos los tiempos. No olvidemos la historia de ese oblicuo devoto a quien el sincero Orgon recoge piadosamente y que sugestiona a toda su familia. Cleanto, un joven, se atreve a desconfiar de él; Tartufo consigue que Orgon expulse de su hogar a ese mal hijo y se hace legar sus bienes. Y no basta: intenta seducir a la consorte de su huésped. Para desenmascarar tanta infamia, su esposa se resigna a celebrar con Tartufo una entrevista, a la que Orgon asiste oculto. El hipócrita, creyéndose solo, expone los principios de su casuística perversa; hay acciones prohibidas por el cielo, pero es fácil arreglar con él estas contabilidades; según convenga pueden aflojarse las ligaduras de la conciencia, rectificando la maldad de los actos con la pureza de las doctrinas. Y para retratarse de una vez, agrega:

> *En fin, votre scrupule est facile à détruire:*
> *Vous êtes assurée ici d'un plein secret,*
> *Et le anal n'est jamais que dans l'éclat qu'on fait;*
> *Le scandale du monde est ce que fait l'offense,*
> *Et ce n'est pas pécher que pécher en silence.*[3]

3 Finalmente, vuestro escrúpulo es fácil de destruir:
Estáis asegurada aquí de un pleno secreto,
y el mal no está más que en el ruido que se hace.
El escándalo del mundo es lo que hace la ofensa
y no el pecar en silencio.
(N. del E.)

Ésa es la moral de la hipocresía jesuítica, sintetizada en cinco versos, que son su pentateuco.

La del hombre virtuoso es otra: está en la intención y en el fin de las acciones, en los hechos mejor que en las palabras, en la conducta ejemplar y no en la oratoria untuosa. Sócrates y Cristo fueron virtuosos contra la religión de su tiempo; los dos murieron a manos de fanatismos que estaban ya divorciados de toda moral. La santidad está siempre fuera de la hipocresía colectiva. La exageración materialista de las ceremonias suele coincidir con la aniquilación de todos los idealismos en las naciones y en las razas; la historia la señala en la decadencia de las castas gobernantes y dice que el loyolismo apuntala siempre su degeneración moral. En esas horas de crisis, la fe agoniza en el fanatismo decrépito y alienta formidablemente en los ideales que renacen frente a él, irrespetuosos, demoledores, aunque predestinados con frecuencia a caer en nuevos fanatismos y a oponerse a ideales venideros.

El hipócrita está constreñido a guardar las apariencias, con tanto afán como pone el virtuoso en cuidar sus ideales. Conoce de memoria los pasajes pertinentes del *Sartor Resartus*; por ellos admira a Carlyle, tanto como otros por su culto a *Los héroes*. El respeto de las formas hace que los hipócritas de cada época y país adquieran rasgos comunes; hay una «manera» peculiar que trasunta el tartufismo en todos sus adeptos, como hay «algo» que denuncia el parentesco entre los afiliados a una tendencia artística o escuela literaria. Ese estigma común a los hipócritas, que permite reconocerlos no obstante los matices individuales impuestos por el rango o la fortuna, es su profunda animadversión a la verdad.

La hipocresía es más honda que la mentira: ésta puede ser accidental, aquélla es permanente. El hipócrita transforma su vida entera en una mentira metódicamente organizada. Hace lo contrario de lo que dice, toda vez que ello le reporte un beneficio inmediato; vive traicionando con sus palabras, como esos poetas que disfrazan con largas crenchas la cortedad de su inspiración. El hábito de la mentira paraliza los labios del hipócrita cuando llega la hora de pronunciar una verdad.

Así como la pereza es la clave de la rutina y la avidez es móvil del servilismo, la mentira es el prodigioso instrumento de la hipocresía. Nunca ha escuchado la Humanidad palabras más nobles que algunas de Tartufo; pero jamás un hombre ha producido acciones más disconformes con ellas. Sea cual fuere su rango social, en la privanza o en la proscripción, en la opulencia o en la miseria, el hipócrita está siempre dispuesto a adular a los poderosos y a engañar a los humildes, mintiendo a entrambos. El que se acostumbra a pronunciar palabras falsas, acaba por faltar a la propia sin repugnancia, perdiendo toda noción de lealtad consigo mismo. Los hipócritas ignoran que la verdad es la condición fundamental de la virtud. Olvidan la sentencia multisecular de Apolonio: «De siervos es mentir, de libres decir verdad». Por eso el hipócrita está predispuesto a adquirir sentimientos serviles. Es el lacayo de los que le rodean, el esclavo de mil amos, de un millón de amos, de todos los cómplices de su mediocridad.

El que miente es traidor: sus víctimas le escuchan suponiendo que dice la verdad. El mentiroso conspira contra la quietud ajena, falta al respeto a todos, siembra la inseguridad y la desconfianza. Con mirar ojizaino persigue a los sinceros, creyéndolos sus enemigos naturales. Aborrece la sinceridad. Dice que ella es la fuente de escándalo y anarquía, como si pudiera culparse a la escoba de que exista la suciedad.

En el fondo sospecha que el hombre sincero es fuerte e individualista, fincando en ello su altivez inquebrantable, pues su oposición a la hipocresía es una actitud de resistencia al mal que le acosa por todas partes. Se defiende contra la domesticación y el descenso común. Y dice su verdad como puede, cuando puede, donde puede. Pero la sabe decir. Muchos santos enseñaron a morir por ella.

El disfraz sirve al débil; solo se finge lo que se cree no tener. Hablan más de la nobleza los nietos de truhanes; la virtud suele danzar en labios desvergonzados; la altivez sirve de estribillo a los envilecidos; la caballerosidad es la ganzúa de los estafadores; la temperancia figura en el catecismo de los viciosos. Suponen que de tanto oropel se adherirá alguna partícula a su sombra. Y, en efecto, ésta se va modificando en la constante labor; la máscara es benéfica en las mediocracias contemporáneas, magüer los que la usen carezcan de autoridad moral ante los hombres virtuosos. Éstos no creen al hipócrita, descubierto una vez; no le creen nunca, ni pueden dejar de creerle cuando sospechan que miente: quien es desleal con la verdad no tiene por qué ser leal con la mentira.

El hábito de la ficción desmorona a los caracteres hipócritas, vertiginosamente, como si cada nueva mentira los empujara hacia el precipicio; nada detiene a una avalancha en la pendiente. Su vida se polariza en esa abyecta honestidad por cálculo que es simple sublimación del vicio. El culto de las apariencias lleva a desdeñar la realidad. El hipócrita no aspira a ser virtuoso, sino a parecerlo; no admira intrínsecamente la virtud, quiere ser contado entre los virtuosos por las prebendas y honores que tal condición puede reportarle. Faltándole la osadía de practicar el mal, a que está inclinado, conténtase con sugerir que oculta sus virtudes por modestia; pero jamás consigue usar con desenvoltura el antifaz. Sus manejos asoman por alguna parte, como las clásicas orejas bajo la corona de Midas. La virtud y el mérito son incompatibles con el tartufismo; la observación induce a desconfiar de las virtudes misteriosas. Ya enseñaba Horacio que «la virtud oculta difiere poco de la oscura holgazanería» (*Od.* IV, 9, 29).

No teniendo valor para la verdad es imposible tenerlo para la justicia. En vano los hipócritas viven jactándose de una gran ecuanimidad y procurando prestigios catonianos: su prudente cobardía les impide ser jueces toda vez que puedan comprometerse con un fallo. Prefieren tartajear sentencias bilaterales y ambiguas, diciendo que hay luz y sombra en todas las cosas; no lo hacen, empero, por filosofía, sino por incapacidad de responsabilizarse de sus juicios. Dicen que éstos deben ser relativos, aunque en lo íntimo de su mollera creen infalibles sus opiniones. No osan proclamar su propia suficiencia; prefieren avanzar en la vida sin más brújula que el éxito, ofreciendo el flanco y bordejeando, esquivos a poner la proa hacia el más leve obstáculo. Los hombres rectos son objeto de su acendrado rencor, pues con su rectitud humillan a los oblicuos; pero éstos no confiesan su cobardía y sonríen servilmente a las miradas que los torturan, aunque sienten el vejamen: se contraen a estudiar los defectos de los hombres virtuosos para filtrar pérfidos venenos en el homenaje que a todas horas están obligados a tributarles. Difaman sordamente; traicionan siempre, como los esclavos, como los híbridos que traen en las venas sangre servil. Hay que temblar cuando sonríen: vienen tanteando la empuñadura de algún estilete oculto bajo su capa.

El hipócrita entibia toda amistad con sus dobleces: nadie puede confiar en su ambigüedad recalcitrante. Día por día afloja sus anastomosis con las personas que le rodean; su sensibilidad escasa impídele caldearse en la ternura ajena y su afectividad va palideciendo como una planta que no recibe Sol, agostado el corazón en un invierno prematuro. Solo piensa en sí mismo, y ésa es su pobreza suprema. Sus sentimientos se marchitan en los invernáculos de la mentira y de la vanidad. Mientras los caracteres dignos crecen en un perpetuo olvido de su ayer y piensan en cosas nobles para su mañana, los hipócritas se repliegan sobre sí mismos, sin darse, sin gastarse, retrayéndose, atrofiándose. Su falta de intimidades les impide toda expansión, obsesionados por el temor de que su conciencia moral asome a la superficie. Saben que bastaría una leve brisa para descorrer su livianísimo velo de virtud. No pudiendo confiar en nadie, viven cegando las fuentes de su propio corazón: no sienten la raza, la patria, la clase, la familia, ni la amistad, aunque saben mentirlas para explotarlas mejor. Ajenos a todo y a todos, pierden el sentimiento de la solidaridad social, hasta caer en sórdidas caricaturas del egoísmo. El hipócrita mide su generosidad por las ventajas que de ella obtiene; concibe la beneficencia como una industria lucrativa para su reputación. Antes de dar, investiga si tendrá notoriedad su donativo; figura en primera línea en todas las suscripciones públicas, pero no abriría su mano en la sombra. Invierte su dinero en un bazar de caridad, como si comprara acciones de una empresa; eso no le impide ejercer la usura en privado o sacar provecho del hambre ajena.

Su indiferencia al mal del prójimo puede arrastrarle a complicidades indignas. Para satisfacer alguno de sus apetitos no vacilará ante grises intrigas, sin preocuparse de que ellas tengan consecuencias imprevistas. Una palabra del hipócrita basta para enemistar a dos amigos o para distanciar a dos amantes. Sus armas son poderosas por lo invisibles;

con una sospecha falsa puede envenenar una felicidad, destruir una armonía, quebrar, una concordancia. Su apego a la mentira le hace acoger benévolamente cualquier infamia, desenvolviéndola hasta lo infinito, subterráneamente, sin ver el rumbo ni medir cuán hondo, tan irresponsable como esas alimañas que cavan al azar sus madrigueras, cortando las raíces de las flores más delicadas.

Indigno de la confianza ajena, el hipócrita vive desconfiando de todos, hasta caer en el supremo infortunio de la susceptibilidad. Un terror ansioso le acoquina frente a los hombres sinceros, creyendo escuchar en cada palabra un reproche merecido; no hay en ello dignidad, sino remordimiento. En vano pretendería engañarse a sí mismo, confundiendo la susceptibilidad con la delicadeza; aquélla nace del miedo y ésta es hija del orgullo.

Difieren como la cobardía y la prudencia, como el cinismo y la sinceridad. La desconfianza del hipócrita es una caricatura de la delicadeza del orgulloso. Este sentimiento puede tornar susceptible al hombre de méritos excelente toda vez que desdeña dignidades cuyo precio es el servilismo y cuyo camino es la adulación; el hombre digno exige entonces respeto para ese valor moral que no manifiesta por los modos vulgares de la protesta estéril, pero ello le aparta para siempre de los hipócritas domesticados. Es raro el caso. Frecuentísima es, en cambio, la susceptibilidad del hipócrita, que teme verse desenmascarado por los sinceros.

Sería extraño que conservara esa delicadeza, única sobreviviente al naufragio de las demás. El hábito de fingir es incompatible con esos matices del orgullo; la mentira es opaca a cualquier resplandor de dignidad. La conducta de los tartufos no puede conservarse adamantina; los expedientes equívocos se encadenan hasta ahogar los últimos escrúpulos.

A fuerza de pedir a los demás sus prejuicios, endeudándose moralmente con la sociedad, pierden el temor de pedir otros favores y bienes materiales, olvidando que las deudas torpemente acumuladas esclavizan al hombre. Cada préstamo no devuelto es un nuevo eslabón remachado a su cadena; se les hace imposible vivir dignamente en una ciudad donde hay calles que no pueden cruzar y entre personas cuya mirada no sabrían sostener. La mentira y la hipocresía convergen a estos renunciamientos, quitando al hombre su independencia. Las deudas contraídas por vanidad o por vicio obligan a fingir y engañar; el que las acumula renuncia a toda dignidad.

Hay otras consecuencias del tartufismo. El hombre dúctil a la intriga se priva del cariño ingenuo. Suele tener cómplices, pero no tiene amigos; la hipocresía no ata por el corazón, sino por el interés. Los hipócritas, forzosamente utilitarios y oportunistas, están siempre dispuestos a traicionar sus principios en homenaje a un beneficio inmediato; eso les veda la amistad con espíritus superiores. El gentil hombre tiene siempre un enemigo en ellos, pues la reciprocidad de sentimientos solo es posible entre iguales; no puede entregarse nunca a su amistad, pues acecharán la ocasión para afrentarlo con alguna infamia, vengando su propia inferioridad. La Bruyére escribió una máxima imperecedera: «En la amistad desinteresada hay placeres que no pueden alcanzar los que nacieron mediocres»; éstos necesitan cómplices, buscándolos entre los que conocen esos secretos resortes descritos como una simple solidaridad en el mal. Si el hombre sincero se entrega, ellos aguardan la hora propicia para traicionarlo; por eso la amistad es difícil para los grandes espíritus y éstos no prodigan su intimidad cuando se elevan demasiado sobre el nivel común. Los hombres eminentes necesitan disponer de infinita sensibilidad y tolerancia para entregarse; cuando lo hacen, nada pone límites a su ternura y devoción. Entre nobles caracteres la amistad crece despacio y prospera mejor cuando arraiga en el reconocimiento de los méritos recíprocos; entre hombres vulgares crece inmotivadamente, pero permanece raquítica, fundándose a menudo en la complicidad del vicio o de la intriga. Por eso la política puede crear cómplices, pero nunca amigos; muchas veces lleva a cambiar éstos por aquéllos, olvidando que cambiarlos con frecuencia equivale a no tenerlos. Mientras en los hipócritas las complicidades se extinguen con el interés que las determina, en los caracteres leales la amistad dura tanto como los méritos que la inspiran.

Siendo desleal, el hipócrita es también ingrato. Invierte las fórmulas del reconocimiento: aspira a la divulgación de los favores que hace, sin ser por ello sensible a los que recibe. Multiplica por mil lo que da y divide por un millón lo que acepta. Ignora la gratitud —virtud de elegidos—, inquebrantable cadena remachada para siempre en los corazones sensibles por los que saben dar a tiempo y cerrando los ojos. A veces resulta ingrato sin saberlo, por simple error de su contabilidad sentimental. Para evitar la ingratitud ajena solo se le ocurre no hacer el bien: cumple su decisión sin esfuerzo, limitándose a practicar sus formas ostensibles, en la proporción que puede convenir a su sombra. Sus sentimientos son otros: el hipócrita sabe que puede seguir siendo honesto aunque practique el mal con disimulo y con desenfado la ingratitud.

La psicología de Tartufo sería incompleta si olvidáramos que coloca en lo más hermético de sus tabernáculos todo lo que anuncia el florecer de pasiones inherentes a la condición humana. Frente al pudor instintivo, casto por definición, los hipócritas han organizado un pudor convencional, impúdico y corrosivo. La capacidad de amar, cuyas efervescencias santifican la vida misma, eternizándola, les parece inconfesable, como si el contacto de dos bocas amantes fuera menos natural que el beso del Sol cuando enciende las corolas de las flores. Mantienen oculto y misterioso todo lo concerniente al amor, como si el convertirlo en delito no acicateara la tentación de los castos; pero esa pudibundez visible no les prohíbe ensayar invisiblemente las abyecciones más torpes. Se escandalizan de la pasión sin renunciar al vicio, limitándose a disfrazarlo o encubrirlo. Encuentran que el mal no está en las cosas mismas, sino en las apariencias, formándose una moral para sí y otra para los demás, como esas casadas que presumen de honestas aunque tengan tres amantes y repudian a la doncella que ama a un solo hombre sin tener marido.

No tiene límites esta escabrosa frontera de la hipocresía. Celosos catones de las costumbres, persiguen las más puras exhibiciones de belleza artística. Pondrían una hoja de parra en la mano de la Venus Medicea, como otrora injuriaron telas y estatuas para velar las más divinas desnudeces de Grecia y del Renacimiento. Confunden la castísima armonía de la belleza plástica con la intención obscena que los asalta al contemplarla. No advierten que la perversidad está siempre en ellos, nunca en la obra de arte.

El pudor de los hipócritas es la peluca de su calvicie moral.

II. El hombre honesto

La mediocridad moral es impotencia para la virtud y cobardía para el vicio. Si hay mentes que parecen maniquíes articulados con rutinas, abundan corazones semejantes a mongolfieras infladas de prejuicios. El hombre honesto puede temer el crimen sin admirar la santidad: es incapaz de iniciativa para entrambos. La garra del pasado ásele el corazón, estrujándole en germen todo anhelo de perfeccionamiento futuro. Sus prejuicios son los documentos arqueológicos de la psicología social: residuos de virtudes crepusculares, supervivencias de morales extinguidas.

Las mediocracias de todos los tiempos son enemigas del hombre virtuoso: prefieren al honesto y lo encumbran como ejemplo. Hay en ello implícito un error, o mentira, que conviene disipar. Honestidad no es virtud, aunque tampoco sea vicio. Se puede ser honesto sin sentir un afán de perfección; sobra para ello con no ostentar el mal, lo que no basta para ser virtuoso. Entre el vicio, que es una lacra, y la virtud, que es una excelencia, fluctúa la honestidad.

La virtud eleva sobre la moral corriente: implica cierta aristocracia del corazón, propia del talento moral; el virtuoso se anticipa a alguna forma de perfección futura y le sacrifica los automatismos consolidados por el hábito.

El honesto, en cambio, es pasivo, circunstancia que le asigna un nivel moral superior al vicioso, aunque permanece por debajo de quien practica activamente alguna virtud y orienta su vida hacia algún ideal. Limitándose a respetar los prejuicios que le asfixian, mide la moral con el doble decímetro que usan sus iguales, a cuyas fracciones resultan irreducibles las tendencias inferiores de los encanallados y las aspiraciones conspicuas de los virtuosos.

Si no llegara a asimilar los prejuicios, hasta saturarse de ellos, la sociedad le castigaría como delincuente por su conducta deshonesta: si pudiera sobreponérseles, su talento moral ahondaría surcos dignos de imitarse. La mediocridad está en no dar escándalo ni servir de ejemplo.

El hombre honesto puede practicar acciones cuya indignidad sospecha, toda vez que a ello se sienta constreñido por la fuerza de los prejuicios, que son obstáculos con que los hábitos adquiridos estorban a las variaciones nuevas. Los actos que ya son malos en el juicio original de los virtuosos, pueden seguir siendo buenos ante la opinión colectiva. El hombre superior practica la virtud tal como la juzga, eludiendo los prejuicios que acoyundan a la masa honesta; el mediocre sigue llamando bien a lo que ya ha dejado de serlo, por incapacidad de entrever el bien del porvenir. Sentir con el corazón de los demás equivale a pensar con cabeza ajena.

La virtud suele ser un gesto audaz, como todo lo original; la honestidad es un uniforme que se endosa resignadamente. El mediocre teme a la opinión pública con la misma obsecuencia con que el zascandil teme al infierno; nunca tiene la osadía de ponerse en contra de ella, y menos cuando la apariencia del vicio es un peligro ínsito en toda virtud no comprendida. Renuncia a ella por los sacrificios que implica.

Olvida que no hay perfección sin esfuerzo: solo pueden mirar al Sol de frente los que osan clavar su pupila sin temer la ceguera. Los corazones menguados no cosechan rosas en su huerto, por temor a las espinas; los virtuosos saben que es necesario exponerse a ellas para recoger las flores mejor perfumadas.

El honesto es enemigo del santo, como el rutinario lo es del genio; a éste le llama «loco» y al otro lo juzga «amoral». Y se explica: los mide con su propia medida, en que ellos no caben. En su diccionario, cordura y «moral» son los nombres que él reserva a sus propias cualidades. Para su moral de sombras, el hipócrita es honesto; el virtuoso y el santo, que la exceden, parécenle «amorales», y con esta calificación les endosa veladamente cierta inmoralidad...

Hombres de pacotilla, diríanse hechos con retazos de catecismos y con sobras de vergüenza: el primer oferente los puede comprar a bajo precio. A menudo mantiénense honestos por conveniencia; algunas veces por simplicidad, si el prurito de la tentación no inquieta su tontería. Enseñan que es necesario ser como los demás; ignoran que solo es virtuoso el que anhela ser mejor. Cuando nos dicen al oído que renunciemos al ensueño e imitemos al rebaño, no tienen valor de aconsejarnos derechamente la apostasía del propio ideal para sentarnos a rumiar la merienda común.

La sociedad predica: «no hagas mal y serás honesto». El talento moral tiene otras exigencias: «persigue una perfección y serás virtuoso». La honestidad está al alcance de todos; la virtud es de pocos elegidos. El hombre honesto aguanta el yugo a que le uncen sus cómplices; el hombre virtuoso se eleva sobre ellos con un golpe de ala.

La honestidad es una industria; la virtud excluye el cálculo. No hay diferencia entre el cobarde que modera sus acciones por miedo al castigo y el codicioso que las activa por la esperanza de una recompensa; ambos llevan en partida doble sus cuentas corrientes con los prejuicios sociales. El que tiembla ante un peligro o persigue una prebenda es indigno de nombrar la virtud: por ésta se arriesgan a la proscripción o la miseria. No diremos por eso que el virtuoso es infalible. Pero la virtud implica una capacidad de rectificaciones espontáneas, el reconocimiento leal de los propios errores como una lección para sí mismo y para los demás, la firme rectitud de la conducta ulterior. El que paga una culpa con muchos años de virtud, es como si no hubiera pecado: se purifica. En cambio, el mediocre no reconoce sus yerros ni se avergüenza de ellos, agravándolos con el impudor, subrayándolos con la reincidencia, duplicándolos con el aprovechamiento de los resultados.

Predicar la honestidad sería excelente si ella no fuera un renunciamiento a la virtud, cuyo norte es la perfección incesante. Su elogio empaña el culto de la dignidad y es la prueba más segura del descenso moral de un pueblo. Encumbrando al intérlope se afrenta al severo; por el tolerable se olvida al ejemplar. Los espíritus acomodaticios llegan a aborrecer la firmeza y la lealtad a fuerza de medrar con el servilismo y la hipocresía.

Admirar al hombre honesto es rebajarse; adorarlo es envilecerse. Stendhal reducía la honestidad a una simple forma de miedo; conviene agregar que no es un miedo al mal en sí mismo, sino a la reprobación de los demás; por eso es compatible con una total ausencia de escrúpulos para todo acto que no tenga sanción expresa o pueda permanecer ignorado. «J'ai vu le fond de ce qu'on appelle les honnêtes gens: c'est hideux»,[4] decía Talleyrand, preguntándose qué sería de tales sujetos si el interés o la pasión entraran en juego. Su temor del vicio y su impotencia para la virtud se equivalen. Son simples beneficiarios de la mediocridad moral que les rodea. No son asesinos, pero no son héroes; no roban, pero no dan media capa al desvalido; no son traidores, pero no son leales; no asaltan en descubierto, pero no defienden al asaltado; no violan vírgenes, pero no redimen caídas; no conspiran contra la sociedad, pero no cooperan al común engrandecimiento.

Frente a la honestidad hipócrita propia de mentes rutinarias y de caracteres domesticados, existe una heráldica moral cuyos blasones son la virtud y la santidad. Es la antítesis de la tímida obsecuencia a los prejuicios que paraliza el corazón de los temperamentos vulgares y degenera en esa apoteosis de la frialdad sentimental que caracteriza la irrupción de todas las burguesías. La virtud quiere fe, entusiasmo, pasión, arrojo: de ellos vive. Los quiere en la intención y en las obras. No hay virtud cuando los actos desmienten las palabras, ni

---

4 Vi el interior de la llamada gente honesta: es horrible. (N. del E.)

cabe nobleza donde la intención se arrastra. Por eso la mediocridad moral es más nociva en los hombres conspicuos y en las clases privilegiadas. El sabio que traiciona su verdad, el filósofo que vive fuera de su moral y el noble que deshonra su cuna, descienden a la más ignominiosa de las villanías; son menos disculpables que el truhán encenagado en el delito. Los privilegios de la cultura y del nacimiento imponen al que los disfruta una lealtad ejemplar para consigo mismo. La nobleza que no está en nuestro afán de perfección es inútil que perdure en ridículos abolengos y pergaminos; noble es el que revela en sus actos un respeto por su rango y no el que alega su alcurnia para justificar actos innobles. Por la virtud, nunca por la honestidad, se miden los valores de la aristocracia moral.

III. Los tránsfugas de la honestidad

Mientras el hipócrita merodea en la penumbra, el inválido moral se refugia en la tiniebla. En el crepúsculo medra el vicio, que la mediocridad ampara; en la noche irrumpe el delito, reprimido por leyes que la sociedad forja. Desde la hipocresía consentida hasta el crimen castigado, la transición es insensible; la noche se incuba en el crepúsculo. De la honestidad convencional se pasa a la infamia gradualmente, por matices leves y concesiones sutiles. En eso está el peligro de la conducta acomodaticia y vacilante.

Los tránsfugas de la moral son rebeldes a la domesticación; desprecian la prudente cobardía de Tartufo. Ignoran su equilibrismo, no saben simular, agreden los principios consagrados; y como la sociedad no puede tolerarlos sin comprometer su propia existencia, ellos tienden sus guerrillas contra ese mismo orden de cosas cuya custodia obsesiona a los mediocres.

Comparado con el inválido moral, el hombre honesto parece una alhaja. Esa distinción es necesaria; hay que hacerla en su favor, seguros de que él la reputará honrosa. Si es incapaz de ideal, también lo es de crimen desembozado; sabe disfrazar sus instintos, encubre el vicio, elude el delito penado por las leyes. En los otros, en cambio, toda perversidad brota a flor de piel, como una erupción pustulosa; son incapaces de sostenerse en la hipocresía, como los idiotas lo son de embalsarse en la rutina. Los honestos se esfuerzan por merecer el purgatorio; los delincuentes se han decidido por el infierno embistiendo sin escrúpulos ni remordimientos contra la armazón de prejuicios y leyes que la sociedad les opone.

Cada agregado humano cree que «la» verdadera moral es «su moral», olvidando que hay tantas como rebaños de hombres. Se es infame, vicioso, honesto o virtuoso, en el tiempo y en el espacio. Cada «moral» es una medida oportuna y convencional de los actos que constituyen la conducta humana; no tiene existencia esotérica, como no la tendría la sociedad abstractamente considerada.

Sus cánones son relativos y se transforman obedeciendo al enmarañado determinismo de la evolución social. En cada ambiente y en cada época existe un criterio medio que sanciona como buenos o malos, honestos o delictuosos, permitidos o inadmisibles, los actos individuales que son útiles o nocivos a la vida colectiva. En cada momento histórico ese criterio es la subestructura de la moral, variable siempre.

Los delincuentes son individuos incapaces de adaptar su conducta a la moralidad media de la sociedad en que viven. Son inferiores; tienen el «alma de la especie», pero no adquieren el «alma social». Divergen de la mediocridad, pero en sentido opuesto a los hombres excelentes, cuyas variaciones originales determinan una desadaptación evolutiva en el sentido de la perfección.

Son innúmeros. Todas las formas corrosivas de la degeneración desfilan en ese calidoscopio, como si al conjuro de un maléfico exorcismo se convirtieran en pavorosa realidad los más sórdidos ciclos de un infierno dantesco: parásitos de la escoria social, fronterizos de la infamia, comensales del vicio y de la deshonra, tristes que se mueven acicateados por sentimientos anormales, espíritus que sobrellevan la fatalidad de herencias enfermizas y sufren la carcoma inexorable de las miserias ambientes.

Irreductibles e indomesticables, aceptan como un duelo permanente la vida en sociedad. Pasan por nuestro lado impertérritos y sombríos, llevando sobre sus frentes fugitivas el estigma de su destino involuntario y en los mudos labios la mueca oblicua del que escruta a sus semejantes con ojo enemigo. Parecen ignorar que son las víctimas de un complejo determinismo, superior a todo freno ético; súmanse en ellos los desequilibrios transfundidos por una herencia malsana, las deformes configuraciones morales plasmadas en el medio social y las mil circunstancias ineludibles que atraviésanse al azar en su existencia. La ciénaga en que chapalean su conducta asfixia los gérmenes posibles de todo sentido moral, desarticulando los últimos prejuicios que los vinculan al solidario consocio de los mediocres. Viven adaptados a una moral aparte, con panoramas de sombrías perspectivas, esquivando los valores luminosos y escurriéndose entre las penumbras más densas; fermentan en el agitado aturdimiento de las grandes ciudades modernas, retoñan en todas las grietas del edificio social y conspiran sordamente contra su estabilidad, ajenos a las normas de conducta características del hombre mediocre, eminentemente conservador y disciplinado. La imaginación nos permite alinear sus torvas siluetas sobre un lejano horizonte donde la lobreguez crepuscular vuelca sus tonos violentos de oro y de púrpura, de incendio y de hemorragia: desfile de macabra legión que marcha atropelladamente hacia la ignominia.

En esa pléyade anormal culminan los fronterizos del delito, cuya virulencia crece por su impunidad ante la ley.

Su débil sentido moral les impide conservar intachable su conducta, sin caer por ello en plena delincuencia: son los imbéciles de la honestidad, distintos del idiota moral que rueda a la cárcel. No son delincuentes, pero son incapaces de mantenerse honestos; pobres espíritus de carácter claudicante y voluntad relajada, no saben poner vallas seguras a los factores ocasionales, a las sugestiones del medio, a la tentación del lucro fácil, al contagio imitativo. Viven solicitados por tendencias opuestas, oscilando entre el bien y el mal, como el asno de Buridán. Son caracteres conformados minuto por minuto en el molde inestable de las circunstancias. Ora son auxiliares a medias por incapacidad de ejecutar un plan completo de conducta antisocial, ora tienen suficiente astucia y previsión para llegar al borde mismo del manicomio y de la cárcel, sin caer. Estos sujetos de moralidad incompleta, larvada, accidental o alternante, representan las etapas de la transición entre la honestidad y el delito, la zona de interferencia entre el bien y el mal, socialmente considerados. Carecen del equilibrismo oportunista que salva del naufragio a otros mediocres.

Un estigma irrevocable impídeles conformar sus sentimientos a los criterios morales de su sociedad. En algunos es producto del temperamento nativo; pululan en las cárceles y viven como enemigos dentro de la sociedad que los hospeda.

En muchos la degeneración moral es adquirida, fruto de la educación; en ciertos casos deriva de la lucha por la vida en un medio social desfavorable a su esfuerzo; son mediocres desorganizados, caídos en la ciénaga por obra del azar, capaces de comprender su desventura y avergonzarse de ella, como la fiera que ha errado el salto. En otros hay una inversión de los valores éticos, una perturbación del juicio que impide medir el bien y el mal con el cartabón aceptado por la sociedad: son invertidos morales; ineptos para estimar la honestidad y el vicio. Inestables hay, por fin, cuyo carácter revela una ausencia de sólidos cimientos que los aseguren contra el oscilante vaivén de los apremios materiales y la alternativa inquietante de las tentaciones deshonestas. Esos inválidos no sienten la coerción social; su moralidad inferior bordejea en el vicio hasta el momento de encallar en el delito.

Estos inadaptables son moralmente inferiores al hombre mediocre. Sus matices son variados: actúan en la sociedad como los insectos dañinos en la naturaleza.

El rebaño teme a esos violadores de su hipocresía. Los prudentes no les perdonan el impudor de su infamia y organizan contra ellos una compleja armazón defensiva de códigos, jueces y prestigios; a través de siglos y de siglos su esfuerzo ha sido ineficaz. Constituyen una horda extranjera y hostil dentro de su propio terruño, audaz en la asechanza, embozada en el procedimiento, infatigable en la tramitación aleve de sus programas trágicos. Algunos confían su vanidad al filo de la cuchilla subrepticia, siempre alerta para blandirla con fulgurante presteza contra el corazón o la espalda; otros deslizan furtivamente su ágil garra sobre el oro o la gema que estimulan su avidez con seducciones irresistibles; éstos violentan, como infantiles juguetes, los obstáculos con que la prudencia del burgués custodia el tesoro acumulado en interminables etapas de ahorro y de sacrificio; aquéllos denigran vírgenes inocentes para lucrar, ofreciendo los encantos de su cuerpo venusto a la insaciable lujuria de sensuales y libertinos; muchos succionan la entraña de la miseria, en inverosímiles aritméticas de usura, como tenias solitarias que nutren su inextinguible voracidad en los jugos icorosos del intestino social enfermo; otros captan conciencias inexpertas para explotar los riquísimos filones de la ignorancia y el fanatismo. Todos son equivalentes en el desempeño de su parasitaria función antisocial, idénticos en la inadaptación de sus sentimientos más elementales. Converge en ellos una inveterada promiscuación de instintos y de perversiones que hace de cada conciencia una pústula, arrastrándolos a malvivir del vicio y del delito.

Sea cual fuere, sin embargo, la orientación de su inferioridad biológica o social, encontramos una pincelada común en todos los hombres que están bajo el nivel de la mediocridad: la ineptitud constante para adaptarse a las condiciones que, en cada colectividad humana, limitan la lucha por la vida. Carecen de la aptitud que permite al hombre mediocre imitar los prejuicios y las hipocresías de la sociedad en que vegeta.

IV. Función social de la virtud

La honestidad es una irritación; la virtud es una originalidad. Solamente los virtuosos poseen talento moral y es obra suya cualquier ascenso hacia la perfección; el rebaño se limita a seguir sus huellas, incorporando a la honestidad trivial lo que fue antes virtud de pocos. Y siempre rebajándola.

Hemos distinguido al delincuente del honesto. Insistimos en que su honestidad no es la virtud; él se esfuerza por confundirlas, sabiendo que la segunda le es inaccesible. La virtud es otra cosa. Es activa; excede infinitamente en variedad, en derechez, en coraje, a las prácticas rutinarias que libran de la infamia o de la cárcel.

Ser honesto implica someterse a las convenciones corrientes; ser virtuoso significa a menudo ir contra ellas, exponiéndose a pasar como enemigo de toda moral el que lo es solamente de ciertos prejuicios inferiores. Si el sereno ateniense hubiera adulado a sus conciudadanos, la historia helénica no estaría manchada por su condena y el sabio no habría bebido la cicuta; pero no sería Sócrates. Su virtud consistió en resistir los prejuicios de los demás. Si pudiéramos vivir entre dignos y santos, la opinión ajena podría evitarnos tropiezos y caídas; pero es cobardía, viviendo entre atartufados, rebajarse al común nivel por miedo a atraer sus iras. Hacer como todos puede implicar avenirse a lo indigno; el proceso moral tiene como condición resistir al común descanso y adelantarse a su tiempo, como cualquier otro progreso.

Si existiera una moral eterna y no tantas morales cuantos son los pueblos podría tomarse en serio la leyenda bíblica del árbol cargado de frutos del bien y del mal. Solo tendríamos dos tipos de hombres: el bueno y el malo, el honesto y el deshonesto, el normal y el inferior, el moral y el inmoral. Pero no es así. Los juicios del valor se transforman: el bien de hoy puede haber sido el mal de ayer, el mal de hoy puede ser el bien de mañana. Y viceversa.

No es el hombre moralmente mediocre —el honesto— quien determina las transformaciones de la moral.

Son los virtuosos y los santos, inconfundibles con él. Precursores, apóstoles, mártires, inventan formas superiores del bien, las enseñan, las predican, las imponen. Toda moral futura es un producto de esfuerzos individuales, obra de caracteres excelentes que conciben y practican perfecciones inaccesibles al hombre común. En eso consiste el talento moral, que forja la virtud, y el genio moral, que implica la santidad. Sin estos hombres originales no se concebiría la transformación de las costumbres: conservaríamos los sentimientos y pasiones de los primitivos seres humanos. Todo ascenso moral es un esfuerzo del talento virtuoso hacia la perfección futura; nunca inerte condescendencia para con el pasado, ni simple acomodación al presente.

La evolución de las virtudes depende de todos los factores morales e intelectuales. El cerebro suele anticiparse al corazón; pero nuestros sentimientos influyen más intensamente que nuestras ideas en la formación de los criterios morales. El hecho es más notorio en las sociedades que en los individuos. Ha podido afirmarse que, si resucitase un griego o un romano, su cerebro permanecería atónito ante nuestra cultura intelectual, pero su corazón podría latir al unísono con muchos corazones contemporáneos. Sus ideas sobre el universo, el hombre y las cosas contrastarían con las nuestras, pero sus sentimientos ajustaríanse en gran parte a las palpitaciones del sentir moderno. En un siglo cambian las ideas fundamentales de la ciencia y la filosofía: los sentimientos centrales de la moral colectiva solo sufren leves oscilaciones, porque los atributos biológicos de la especie humana varían lentamente. Nos fuerzan a sonreír los conocimientos infantiles de los clásicos; pero sus sentimientos nos conmueven, sus virtudes nos entusiasman, sus héroes nos admiran y nos parecen honrados por los mismos atributos que hoy nos harían honrarlos. Entonces, como ahora, los hombres ejemplares, aunque de ideas opuestas, practicaban análogas virtudes frente a los hipócritas de su tiempo. El fondo varía poco; lo que se transmuta incesantemente es la forma, el juicio de valor que le confiere fuerza ética.

Hay, sin embargo, un progreso moral colectivo. Muchos dogmatismos, que antes fueron virtudes, son juzgados más tarde como prejuicios. En cada momento histórico coexisten virtudes y prejuicios; el talento moral practica las primeras; la honestidad se aferra a los segundos. Los grandes virtuosos, cada uno a su modo, combaten por lo mismo, en la forma que su cultura y su temperamento les sugieren. Aunque por distintos caminos, y partiendo de premisas racionales antagónicas, todos se proponen mejorar al hombre: son igualmente enemigos de los vicios de su tiempo.

Los virtuosos no igualan a los santos; la sociedad opone demasiados obstáculos a sus esfuerzos. Pensar la perfección no implica practicarla totalmente; basta el firme propósito de marchar hacia ella. Los que piensan como profetas pueden verse obligados a proceder como filisteos en muchos de sus actos. La virtud es una tensión real hacia lo que se concibe como perfección ideal.

El progreso ético es lento, pero seguro. La virtud arrastra y enseña; los honestos se resignan a imitar alguna parte de las excelencias que practican los virtuosos. Cuando se afirma que somos mejores que nuestros abuelos, solo quiere expresarse que lo somos ante nuestra moral contemporánea. Fuera más exacto decir que diferimos de ellos. Sobre las necesidades perennes de la especie, organízanse conceptos de perfección que varían a través de los tiempos; sobre las necesidades transitorias de cada sociedad se elabora el arquetipo de virtud más útil a su progreso. Mientras el ideal absoluto permanece indefinido y ofrece escasas oscilaciones en el curso de siglos enteros, el concepto concreto de las virtudes se va plasmando en las variaciones reales de la vida social; los virtuosos ascienden por mil senderos hacia cumbres que se alejan, sin cesar, hacia el infinito.

Cada uno de los sentimientos útiles para la vida humana engendra una virtud, una norma de talento moral. Hay filósofos que meditan durante largas noches insomnes, sabios que sacrifican su vida en los laboratorios, patriotas que mueren por la libertad de sus conciudadanos, altivos que renuncian todo favor que tenga por precio su dignidad, madres que sufren la miseria custodiando el honor de sus hijos. *El hombre mediocre* ignora esas virtudes; se limita a cumplir las leyes por temor a las penas que amenazan a quien las viola, guardando la honra por no arrastrar las consecuencias de perderla.

V. La pequeña virtud y el talento moral

Así como hay una gama de intelectos, cuyos tonos fundamentales son la inferioridad, la mediocridad y el talento —aparte del idiotismo y el genio, que ocupan sus extremos—, hay también una jerarquía moral representada por términos equivalentes. En el fondo de esas desigualdades hay una profunda heterogeneidad de temperamentos. La conformación a los catecismos ajenos resulta fácil para los hombres débiles, crédulos, timoratos, sin grandes deseos, sin pasiones vehementes, sin necesidad de independencia, sin irradiación de su personalidad; es inconcebible, en cambio, en las naturalezas idealistas y fuertes, capaces de pasiones vivas, bastante intelectuales para no dejarse engañar por la mentira de los demás. Aquéllos no sufren por la coacción moral del rebaño, pues la hipocresía es su clima propicio; éstos sufren, luchando entre sus inclinaciones superiores y el falseado concepto del deber que impone la sociedad. Se ajustan a él los hombres honestos, pero nunca se le esclaviza el hombre moralmente superior. «Puede acordársele —dice Remy de Gourmont— el valor de una moda a la que uno se resigna por no llamar la atención, pero sin interesar el ser íntimo y sin hacerle ningún sacrificio profundo.» En esa disconformidad con la hipocresía colectivamente organizada consiste la virtud, que es individual, a la contra de sus caricaturas colectivas: en la caridad y en la beneficencia mundanas la miseria de los corazones tristes alimenta la vanidad de los cerebros vacíos.

Los temperamentos capaces de virtud difieren por su intensidad. El primer germen de perfección moral se manifiesta en una decidida preferencia por el bien: haciéndolo, enseñándolo, admirándolo. La bondad es el primer esfuerzo hacia la virtud; el hombre bueno, esquivo a las condescendencias permitidas por los hipócritas, lleva en sí una partícula de santidad. El «buenismo» es la moral de los pequeños virtuosos; su prédica es plausible, siempre que enseñe a evitar la cobardía, que es su peligro. Algunos excesos de bondad no podrían distinguirse del envilecimiento; hay falta de justicia en la moral del perdón sistemático. Está bien perdonar una vez y sería inicuo no perdonar ninguna; pero el que perdona dos veces se hace cómplice de los malvados. No sabemos qué hubiera hecho Cristo si le hubiesen abofeteado la segunda mejilla que ofreció al que le afrentaba la primera: los escolásticos prefieren no discutir este problema.

Enseñemos a perdonar; pero enseñemos también a no ofender. Sería más eficiente. Enseñémoslo con el ejemplo, no ofendiendo. Admitamos que la primera vez se ofende por ignorancia; pero creamos que la segunda suele ser por villanía. El mal no se corrige con la complacencia o la complicidad; es nocivo como los venenos y debe oponérsele antídotos eficaces: la reprobación y el desprecio.

Mientras los hipócritas recetan la austeridad, reservando la indulgencia para sí mismos, los pequeños virtuosos prefieren la práctica del bien a su prédica; evitan los sermones y enaltecen su propia conducta. Para el prójimo encuentran una disculpa, en la debilidad humana o en la tentación del medio: «tout comprendre c'est tout pardonner»;[5] solo son severos consigo mismos. Nunca olvidan sus propias culpas y errores; y si no justifican las ajenas, tampoco se preocupan de atormentarlas con su odio, pues saben que el tiempo las castiga fatalmente, por esa gravitación que abisma a los perversos como si fueran globos desinflados. Su corazón es sensible a las pulsaciones de los demás, abriéndose a toda hora para adulcir las penas de un desventurado y previniendo sus necesidades para ahorrarle la humillación de pedir ayuda; hacen siempre todo lo que pueden, poniendo en ello tal afán que trasluce el deseo de haber hecho más y mejor. Aprueban y estimulan cualquier germen de cultura, prodigando su aplauso a toda idea original y compadeciendo a los ignorantes sin reproches inoportunos: su cordialidad sincera con los espíritus humildes no está corroída por la urbanidad convencional.

Esas pequeñas virtudes son usuales, de aplicación frecuente, cotidiana; sirven para distinguir al bueno del mediocre y difieren tanto de la honestidad como el buen sentido difiere del sentido común. Importan una elevación sobre la mediocridad; los que saben practicarlas merecen los elogios que tan pródigamente se les tributan. Desde Platón y Plutarco está hecha su apología; ello no impide su asidua reiteración por escritores que glosan en estilo menos decisivo la socorrida frase de Hugo: «Il se fait beaucoup de grandes actions dans les petites luttes. Il y a des bravoures opiniatres et ignorées qui se défendent pied à pied dans l'ombre contre l'envahissement fatal des nécessités. Noble et mistérieux triomphe qu'aucun

5 Comprender todo es perdonar todo. (N. del E.)

regard ne voit, qu'aucune renommée ne paye, qu'aucune fanfare ne salue. La vie, le malheur, l'isolement, l'abandon, la pauvreté, sont des champs de bataille que ont leurs héros; héros obscurs plus grands parfois que les héros ilustres».[6]

No olvidemos, sin embargo, que esas virtudes son pequeñas; es grave error oponerlas a las grandes. Ellas revelan una loable tendencia, pero no pueden compararse con el asiduo celo de perfección que convierte la bondad en virtud. Para esto se requiere cierta intelectualidad superior; las mentes exiguas no pueden concebir un gesto trascendente y noble, ni sabría ejecutarlo un carácter amorfo. A los que dicen: «no hay tonto malo», podría respondérseles que la incapacidad de mal no es bondad. Aún está por resolverse el antiguo litigio que proponía elegir entre un imbécil bueno y un inteligente malo; pero está seguramente resuelto que la imbecilidad no es una presunción de virtud, ni la inteligencia lo es de perversidad. Ello no impide que muchos necios protesten contra el ingenio y la ilustración, glosando la paradoja de Rousseau, hasta inferir de ella que la escuela puebla las cárceles y que los hombres más buenos son los torpes e ignorantes.

Mentira. Burda patraña esgrimida contra la dignificación humana mediante la instrucción pública, requisito básico para el enaltecimiento moral.

Sócrates enseñó hace de esto algunos años que la Ciencia y la Virtud se confunden en una sola y misma resultante: la

6 Se hacen muchas grandes acciones en las pequeñas luchas, hay muchas intrepideces obstinadas e ignoradas que se defienden palmo a palmo en la sombra contra la invasión fatal de las necesidades. Noble y misterioso triunfo que ninguna mirada ve, que ninguna fama paga, que ninguna fanfarria saluda. La vida, la desgracia, la soledad, el abandono, la pobreza, son campos de batalla que tienen sus héroes; héroes oscuros algunas veces más grandes que los ilustres. (N. del E.)

Sabiduría. Para hacer el bien basta verlo claramente; no lo hacen los que no lo ven; nadie sería malo sabiéndolo. El hombre más inteligente y más ilustrado puede ser el más bueno; «puede» serlo, aunque no siempre lo sea. En cambio, el torpe y el ignorante no pueden serlo nunca, irremisiblemente.

La moralidad es tan importante como la inteligencia en la composición global del carácter. Los más grandes espíritus son los que asocian las luces del intelecto con las magnificencias del corazón. La grandeza del alma es bilateral. Son raros esos talentos completos; son excepcionales esos genios. Los hombres excelentes brillan por esta o aquella aptitud, sin resplandecer en todas; hay asimismo talentos en algún género intelectual, que no lo son en virtud alguna, y hombres virtuosos que no asombran por sus dotes intelectuales.

Ambas formas de talento, aunque distintas y cada una multiforme, son igualmente necesarias y merecen el mismo homenaje. Pueden observarse aisladas; suelen germinar al unísono en hombres extraordinarios. Aisladas valen menos. La virtud es inconcebible en el imbécil y el ingenio es infecundo en el desvergonzado. La subordinación de la moralidad a la inteligencia es un renunciamiento de toda dignidad; el más ingenioso de los hombres sería detestable cuando pusiera su ingenio al servicio de la rutina, del prejuicio o del servilismo; sus triunfos serían su vergüenza, no su gloria. Por eso dijo Cicerón, ha muchos siglos: «Cuanto más fino y culto es un hombre, tanto más repulsivo y sospechoso se vuelve si pierde su reputación le honesto». (*De offic.*, II, 9). Verdad es que el tiempo perdona algunas culpas a los genios y a los héroes, capaces de exceder con el bien que hacen el mal que no dejaren de hacer; pero ellos son excepciones raras y en vida habría que medirlos con el criterio de la posteridad: la trascendente magnitud de su obra.

Esas nociones suprimen algunos problemas inocentes, como el de fallar si son preferibles los que crean, inventan y perfeccionan en las ciencias y en las artes, o los que poseen un admirable conjunto de energías morales que impulsan a jugar el porvenir y la vida en defensa de la dignidad y la justicia. Entre los talentos intelectuales y los talentos morales, estos últimos suelen ser preferidos con razón, conceptuándolos más necesarios. «El talento superior es el talento moral», ha escrito Smiles, glosando al inagotable Mr. de la Palisse. De este parangón está excluido *a priori* el hombre mediocre, pues solo tiene rutinas en el cerebro y prejuicios en el corazón.

La apoteosis del tonto bueno encamínase, evidentemente, a protestar, como lo hacía Cicerón contra los que pretenden consentir al ingenio un absurdo derecho a la inmoralidad. El sistema es equívoco; igualmente injusto sería desacreditar a los santos más ejemplares fundándose en que existen simuladores de la virtud.

Es capcioso oponer el ingenio y la moral, como términos inconciliables. ¿Solo podría ser virtuoso el rutinario o el imbécil? ¿Solo podría ser ingenioso el deshonesto o el degenerado? La humanidad debiera sonrojarse ante estas preguntas. Sin embargo, ellas son insinuadas por catequistas que adulan a los tontos; buscando el éxito ante su número infinito. El sofisma es sencillo. De muchos grandes hombres se cuentan anomalías morales o de carácter, que no suelen contarse del mediocre o del imbécil; luego, aquéllos son inmorales y éstos son virtuosos.

Aunque las premisas fuesen exactas, la conclusión sería ilegítima. Si se concediera y es mentira que los grandes ingenios son forzosamente inmorales, no habría por qué otorgar a los imbéciles el privilegio de la virtud, reservado al talento moral.

Pero la premisa es falsa. Si se cuentan desequilibrios de los genios y no de los papanatas, no es porque éstos sean faros de virtud, sino por una razón muy sencilla: la historia solamente se ocupa de los primeros ignorando a los segundos. Por un poeta alcoholista hay diez millones de lechuguinos que beben como él; por un filósofo uxorcida hay cien mil uxoricidas que no son filósofos; por un sabio experimentador, cruel con un perro o una rana, hay una incontable cohorte de cazadores que le aventajan en impiedad. ¿Y qué dirá la historia? Hubo un poeta alcoholista, un filósofo uxoricida y un sabio cruel; los millones de anónimos no tienen biografía. Moreau de Tours equivocó el rumbo; Lombroso se extravió; Nordau hizo de la cuestión una simple polémica literaria. No comulguemos con ruedas de molino; la premisa es falsa. Los que hemos visitado cien cárceles podemos asegurar que había en ellas cincuenta mil hombres de inteligencia inferior, junto a cinco o veinte hombres de talento. No hemos visto un solo hombre de genio.

Volvamos al sano concepto socrático, hermanando la virtud y el ingenio, aliados antes que adversarios. Una elevada inteligencia es siempre propicia al talento moral y éste es la condición misma de la virtud. Solo hay una cosa más vasta, ejemplar, magnífica, el golpe de ala que eleva hacia lo desconocido hasta entonces, remontándonos a las cimas eternas de esta aristocracia moral: son los genios que enseñan virtudes no practicadas hasta la hora de sus profecías o que practican las conocidas con intensidad extraordinaria. Si un hombre encarrila en absoluto su vida hacia un ideal, eludiendo o constatando todas las contingencias materiales que contra él conspiran, ese hombre se eleva sobre el nivel mismo de las más altas virtudes. Entra en la santidad.

VI. El genio moral: la santidad

La santidad existe: los genios morales son los santos de la humanidad. La evolución de los sentimientos colectivos, representados por los conceptos de bien y de virtud, se opera por intermedio de hombres extraordinarios. En ellos se resume o polariza alguna tendencia inmanente del continuo devenir moral. Algunos legislan y fundan religiones, como Manú, Confucio, Moisés y Buda, en civilizaciones primitivas, cuando los Estados son teocracias; otros predican y viven su moral, como Sócrates, Zenón o Cristo, confiando la suerte de sus nuevos valores a la eficacia del ejemplo; los hay, en fin, que transmutan racionalmente las doctrinas, como Antístenes, Epicuro o Spinoza. Sea cual fuere el juicio que a la posteridad merezcan sus enseñanzas, todos ellos son inventores, fuerzas originales en la evolución del bien y del mal, en la metamorfosis de las virtudes. Son siempre hombres de excepción, genios, los que la enseñan. Los talentos morales perfeccionan o practican de manera excelente esas virtudes por ellos creadas; los mediocres morales se concretan a imitarlas tímidamente.

Toda santidad es excesiva, desbordante, obsesionadora, obediente, incontrastable: es genio. Se es santo por temperamento y no por cálculo, por corazonadas firmes más que por doctrinarismos racionales: así lo fueron casi todos. La inflexible rigidez del profeta o del apóstol, es simbólica; sin ella no tendríamos la iluminada firmeza del virtuoso ni la obediencia disciplinada del honesto. Los santos no son los factores prácticos de la vida social, sino las masas que imitan débilmente su fórmula. No fue Francisco un instrumento eficaz de la beneficencia, virtud cristiana que el tiempo reemplazará por la solidaridad social: sus efectos útiles son producidos por innumerables individuos que serían incapaces de practicarla por iniciativa propia, pero que del exaltado arquetipo reciben sugestiones, tendencias y ejemplos, graduándolos, difundiéndolos. El santo de Asís muere de consunción, obsesionado por su virtud, sin cuidarse de sí mismo, y entrega su vida a su ideal; los mediocres que practican la beneficencia por él practicada cumplen una obligación, tibiamente, sin perturbar su tranquilidad en holocausto a los demás.

La santidad crea o renueva. «La extensión y el desarrollo de los sentimientos sociales y morales —dijo Eibot— se han producido lentamente y por obra de ciertos hombres que merecen ser llamados inventores en moral. Esta expresión puede sonar extrañamente a ciertos oídos de gente imbuida de la hipótesis de un conocimiento del bien y del mal innato, universal, distribuido a todos los hombres y en todos los tiempos. Si en cambio se admite una moral que se va haciendo, es necesario que ella sea la creación, el descubrimiento de un individuo o de un grupo. Todo el mundo admite inventores en geometría, en música, en las artes plásticas, o mecánicas; pero también ha habido hombres que por sus disposiciones naturales eran muy superiores a sus contemporáneos y han sido promotores, iniciadores. Es importante observar que la concepción teórica de un ideal moral más elevado, de una etapa a pasar, no basta; se necesita una emoción poderosa que haga obrar y, por contagio, comunique a los otros su propio élan. El avance es proporcional a lo que se siente y no a lo que se piensa.»

Por eso el genio moral es incompleto mientras, no actúa; la simple visión de ideales magníficos no implica la santidad, que está en el ejemplo, más bien que en la doctrina, siempre que implique creación original. Los titulados santos de ciertas religiones rara vez son creadores, son simples virtuosos o alucinados, a quienes el interés del culto y la política eclesiástica han atribuido una santidad nominal. En la historia del sentimiento religioso solo son genios los que fundan o transmutan, pero de ninguna manera los que organizan órdenes, establecen reglas, repiten un credo, practican una norma o difunden un catecismo. El santoral católico es irrisorio. Junto a pocas vidas que merecen la hagiografía de un Fra Domenico Cavalca, muchas hay que no interesan al moralista ni al psicólogo; numerosas tientan la curiosidad de los alienistas y otras solo revelan el interesado homenaje de los concilios al fanatismo localista de ciertos rebaños industrioso.

Pongamos más alta la santidad: donde señale una orientación inconfundible en la historia de la moral. Cada hora de la humanidad tiene un clima, una atmósfera y una temperatura, que sin cesar varían. Cada clima es propicio al florecimiento de ciertas virtudes; cada atmósfera se carga de creencias que señalan su orientación intelectual; cada temperatura marca los grados de fe con que se acentúan determinados ideales y aspiraciones. Una humanidad que evoluciona no puede tener ideales inmutables, sino incesantemente perfectibles, cuyo poder de transformación sea infinito como la vida. Las virtudes del pasado no son las virtudes del presente; los santos de mañana no serán los mismos de ayer. Cada momento de la historia requiere cierta forma de santidad que sería estéril si no fuera oportuna, pues las virtudes se van plasmando en las variaciones de la vida social.

En el amanecer de los pueblos, cuando los hombres viven luchando a brazo partido con la naturaleza avara, es indispensable ser fuertes y valientes para imponer la hegemonía o asegurar la libertad del grupo; entonces la cualidad suprema es la excelencia física y la virtud del coraje se transforma en culto de héroes, equiparados a los dioses. La santidad está en el heroísmo.

En las grandes crisis de renovación moral, cuando la apatía o la decadencia amenazan disolver un pueblo o una raza, la virtud excelente entre todas es la integridad del carácter, que permite vivir o morir por un ideal fecundo para el común engrandecimiento. La santidad está en el apostolado.

En las plenas civilizaciones más sirve a la humanidad el que descubre una nueva ley de la naturaleza, o enseña a dominar alguna de sus fuerzas, que quien culmina por su temperamento de héroe o de apóstol. Por eso el prestigio rodea a las virtudes intelectuales: la santidad está en la sabiduría.

Los ideales éticos no son exclusivos del sentimiento religioso; no lo es la virtud; ni la santidad. Sobre cada sentimiento pueden ellos florecer. Cada época tiene sus ideales y sus santos: héroes, apóstoles o sabios.

Las naciones llegadas a cierto nivel de cultura santifican en sus grandes pensadores a los portaluces y heraldos de su grandeza espiritual. Si el ejemplo supremo para los que combaten lo dan los héroes y para los que creen los apóstoles, para los que piensan lo dan los filósofos. En la moral de las sociedades que se forman, culminan Alejandro, César o Napoleón; y cuando se renuevan, Sócrates, Cristo o Bruno; pero llega un momento en que los santos se llaman Aristóteles, Bacon y Goethe. La santidad varía a compás del ideal.

Los espíritus cultos conciben la santidad en los pensadores, tan luminosa como en los héroes y en los apóstoles; en las sociedades modernas el «santo» es un anticipo visionario de teoría o profeta de hechos que la posteridad confirma, aplica o realiza. Se comprende que, a sus horas, haya santidad en servir a un ideal en los campos de batalla o desafiando la hipocresía como en los supremos protagonistas de una *Ilíada* o de un Evangelio; pero también es santo, de otros ideales, el poeta, el sabio o el filósofo que viven eternos en su *Divina comedia*, en su *Novum organum* o en su *Origen de las especies*. Si es difícil mirar un instante la cara de la muerte que amenaza paralizar nuestro brazo, lo es más resistir toda una vida los principios y rutinas que amenazan asfixiar nuestra inteligencia.

Entre nieblas que alternativamente se espesan y se disipan, la humanidad asciende sin reposo hacia remotas cumbres. Los más las ignoran; pocos elegidos pueden verlas y poner allí su ideal, aspirando aproximársele. Orientadas por la exigua constelación de visionarios, las generaciones remontan desde la rutina hacia Verdades cada vez menos inexactas y desde el prejuicio hacia las Virtudes cada vez menos imperfectas. Todos los caminos de la santidad conducen hacia el punto infinito que marca su imaginaria convergencia.

Capítulo IV. Los caracteres mediocres

I. Hombres y sombras

Desprovistos de alas y de penacho, los caracteres mediocres son incapaces de volar hasta una cumbre o de batirse contra un rebaño. Su vida es perpetua complicidad con la ajena. Son hueste mercenaria del primer hombre firme que sepa uncirlos a su yugo. Atraviesan el mundo cuidando su sombra e ignorando su personalidad. Nunca llegan a individualizarse: ignoran el placer de exclamar «yo soy», frente a los demás. No existen solos. Su amorfa estructura los obliga a borrarse en una raza, en un pueblo, en un partido, en una secta, en una bandería: siempre a embadurnarse de otros. Apuntalan todas las doctrinas y prejuicios, consolidados a través de siglos. Así medran. Siguen el camino de las menores resistencias, nadando a favor de toda corriente y variando con ella; en su rodar aguas abajo no hay mérito: es simple incapacidad de nadar aguas arriba. Crecen porque saben adaptarse a la hipocresía social, como las lombrices a la entraña.

Son refractarios a todo gesto digno; le son hostiles. Conquistan honores y alcanzan «dignidades», en plural; han inventado el inconcebible plural del honor y de la dignidad, por definición singulares e inflexibles. Viven de los demás y para los demás: sombras de una grey, su existencia es el accesorio de focos que la proyectan. Carecen de luz, de arrojo, de fuego, de emoción. Todo es, en ellos, prestado.

Los caracteres excelentes ascienden a la propia dignidad nadando contra todas las corrientes rebajadoras, cuyo reflujo resisten con tesón. Frente a los otros se les reconoce de inmediato, nunca borrados por esa brumazón moral en que aquéllos se destiñen. Su personalidad es todo brillo y arista:

Firmeza y luz, como cristal de roca,

breves palabras que sintetizan su definición perfecta. No la dieron mejor Teofrasto o Bruyére. Han creado su vida y servido un Ideal, perseverando en la ruta, sintiéndose dueños de sus acciones, templándose por grandes esfuerzos: seguros en sus creencias, leales a sus afectos, fieles a su palabra. Nunca se obstinan en el error, ni traicionan jamás a la verdad. Ignoran el impudor de la inconstancia y la insolencia de la ingratitud. Pujan contra los obstáculos y afrontan las dificultades. Son respetuosos en la victoria y se dignifican en la derrota como si para ellos la belleza estuviera en la lid y no en su resultado. Siempre, invariablemente, ponen la mirada alto y lejos; tras lo actual fugitivo divisan un Ideal más respetable cuanto más distante. Estos optimates son contados; cada uno vive por un millón. Poseen una firme línea moral que les sirve de esqueleto o armadura. Son alguien. Su fisonomía es la propia y no puede ser de nadie más; son inconfundibles, capaces de imprimir su sello indeleble en mil iniciativas fecundas. Las gentes domesticadas los temen, como la llaga al cauterio; sin advertirlo, empero, los adoran con su desdén. Son los verdaderos amos de la sociedad, los que agreden el pasado y preparan el porvenir, los que destruyen y plasman. Son los actores del drama social, con energía inagotable. Poseen el don de resistir a la rutina y pueden librarse de su tiranía niveladora. Por ellos la Humanidad vive y progresa. Son siempre excesivos; centuplican las cualidades que los demás solo poseen en germen. La hipertrofia de una idea o de una pasión los hace inadaptables a su medio, exagerando su pujanza; mas, para la sociedad, realizan una función armónica y vital. Sin ellos se inmovilizaría el progreso humano, estancándose como velero sorprendido en alta mar por la bonanza. De ellos, solamente de ellos, suelen ocuparse la historia y el arte, interpretándolos como arquetipos de la Humanidad.

El hombre que piensa con su propia cabeza y la sombra que refleja los pensamientos ajenos, parecen pertenecer a mundos distintos. Hombres y sombras: difieren como el cristal y la arcilla.

El cristal tiene una forma preestablecida en su propia composición química; cristaliza en ella o no, según los casos; pero nunca tomará otra forma que la propia. Al verlo sabemos que lo es, inconfundiblemente. De igual manera que el hombre superior es siempre uno, en sí, aparte de los demás. Si el clima le es propicio conviértese en núcleo de energías sociales, proyectando sobre el medio sus características propias, a la manera del cristal que en una solución saturada provoca nuevas cristalizaciones semejantes a sí mismo, creando formas de su propio sistema geométrico. La arcilla, en cambio, carece de forma propia y toma la que le imprimen las circunstancias exteriores, los seres que la presionan o las cosas que la rodean; conserva el rastro de todos los surcos y el hoyo de todos los dedos, como la cera, como la masilla; será cúbica, esférica o piramidal, según la modelen. Así los caracteres mediocres: sensibles a las coerciones del medio en que viven, incapaces de servir una fe o una pasión.

Las creencias son el soporte del carácter; el hombre que las posee firmes y elevadas, lo tiene excelente. Las sombras no creen. La personalidad está en perpetua evolución y el carácter individual es su delicado instrumento; hay que templarlo sin descanso en las fuentes de la cultura y del amor. Lo que heredamos implica cierta fatalidad, que la educación corrige y orienta. Los hombres están predestinados a conservar su línea propia entre las presiones coercitivas de la sociedad; las sombras no tienen resistencia, se adaptan a las demás hasta desfigurarse, domesticándose. El carácter se expresa por actividades que constituyen la conducta. Cada ser humano tiene el correspondiente a sus creencias; si es «firmeza y luz», como dijo el poeta, la firmeza está en los sólidos cimientos, de su cultura y la luz en su elevación moral.

Los elementos intelectuales no bastan para determinar su orientación; la febledad del carácter depende tanto de la consistencia moral como de aquellos, o más. Sin algún ingenio, es imposible ascender por los senderos de la virtud; sin alguna virtud son inaccesibles los del ingenio. En la acción van de consuno. La fuerza de las creencias está en no ser puramente racionales; pensamos con el corazón y con la cabeza. Ellas no implican un conocimiento exacto a de la realidad; son simples juicios a su respecto, susceptibles de ser corregidos o reemplazados. Son instrumentos actuales; cada creencia es una opinión contingente y provisional. Todo juicio implica una afirmación. Toda negación es, en sí mismo, afirmativa; negar es afirmar una negación. La actitud es idéntica: se cree lo que se afirma o se niega. Lo contrario de la afirmación no es la negación, es la duda. Para afirmar o negar es indispensable creer. Ser alguien es creer intensamente; pensar es creer; amar es creer; odiar es creer; vivir es creer.

Las creencias son los móviles de toda actividad humana. No necesitan ser verdades: creemos con anterioridad a todo razonamiento y cada nueva noción es adquirida a través de creencias ya preformadas. La duda debiera ser más común, escaseando los criterios de certidumbre lógica; la primera actitud, sin embargo, es una adhesión a lo que se presenta a nuestra experiencia. La manera primitiva de pensar las cosas consiste en creerlas tales como las sentimos; los niños, los salvajes, los ignorantes y los espíritus débiles son accesibles a todos los errores, juguetes frívolos de las personas, las cosas y las circunstancias. Cualquiera desvía los bajeles sin gobierno. Esas creencias son como los clavos que se meten de un solo golpe; las convicciones firmes entran como los tornillos, poco a poco, a fuerza de observación y de estudio. Cuesta más trabajo adquirirlas; pero mientras los clavos ceden al primer estrujón vigoroso, los tornillos resisten y mantienen de pie la personalidad. El ingenio y la cultura corrigen las fáciles ilusiones primitivas y las rutinas impuestas por la sociedad al individuo: la amplitud del saber permite a los hombres formarse ideas propias. Vivir arrastrado por las ajenas equivale a no vivir. Los mediocres son obra de los demás y están en todas partes: manera de no ser nadie y no estar en ninguna.

Sin unidad no se concibe un carácter. Cuando falta, el hombre es amorfo o inestable; vive zozobrando como frágil barquichuelo en un océano. Esa unidad debe ser efectiva en el tiempo; depende, en gran parte, de la coordinación de las creencias. Ellas son fuerzas dinamógenas y activas, sintetizadoras de la personalidad. La historia natural del pensamiento humano solo estudia creencias, no certidumbres. La especie, las razas, las naciones, los partidos, los grupos, son animados por necesidades materiales que los engendran, más o menos conformes a la realidad, pero siempre determinantes de su acción. Creer es la forma natural de pensar para vivir.

La unidad de las creencias permite a los hombres obrar de acuerdo con el propio pasado: es un hábito de independencia y la condición del hombre libre, en el sentido relativo que el determinismo consiente. Sus actos son ágiles y rectilíneos, pueden preverse en cada circunstancia; siguen sin vacilaciones un camino trazado: todo concurre a que custodien su dignidad y se formen un ideal. Siempre están prontos para el esfuerzo y lo realizan sin zozobra. Se sienten libres cuando rectifican sus yerros y más libres aún al manejar sus pasiones. Quieren ser independientes de todos, sin que ello les impida ser tolerantes: el precio de su libertad no lo ponen en la sumisión de los demás. Siempre hacen lo que quieren, pues solo quieren lo que está en sus fuerzas realizar. Saben pulir la obra de sus educadores y nunca creen terminada la propia cultura. Diríase que ellos mismos se han hecho como son, viéndoles recalcar en todos los actos el propósito de asumir su responsabilidad.

Las creencias del Hombre son hondas, arraigadas en vasto saber; le sirven de timón seguro para marchar por una ruta que él conoce y no oculta a los demás; cuando cambia de rumbo es porque sus creencias de la Sombra son surcos arados en el agua; cualquier ventisca las desvía; su opinión es tornadiza como veleta y sus cambios obedecen a solicitaciones groseras de conveniencias inmediatas. Los Hombres evolucionan según varían sus creencias y pueden cambiarlas mientras siguen aprendiendo; las Sombras acomodan las propias a sus apetitos y pretenden encubrir la indignidad con el nombre de evolución. Si dependiera de ellas, esta última equivaldría a desequilibrio o desvergüenza; muchas veces a traición.

Creencias firmes, conducta firme. Ése es el criterio para apreciar el carácter: las obras. Lo dice el bíblico poema: *ludicaberis ex operibus vestris*, seréis juzgados por vuestras obras. ¡Cuántos hay que parecen hombres y solo valen por las posiciones alcanzadas en las piaras mediocráticas! Vistos de cerca, examinadas sus obras, son menos que nada, valores negativos. Sombras.

II. La domesticación de los mediocres

Gil Blas de Santillana es una sombra: su vida entera es un proceso continuo de domesticación social. Si alguna línea propia permitía diferenciarle de su rebaño, todo el estercolero social se vuelca sobre él para borrarla, complicando su insegura unidad en una cifra inmensa. El rebaño le ofrece infinitas ventajas. No sorprende que él las acepte a cambio de ciertos renunciamientos compatibles con su estructura moral. No le exige cosas inverosímiles; bástale su condescendencia pasiva, su alma de siervo.

Mientras los hombres resisten las tentaciones, las sombras resbalan por la pendiente; si alguna partícula de originalidad les estorba, la eliminan para confundirse mejor en los demás. Parecen sólidas y se ablandan, ásperas y se suavizan, ariscas y se amansan, calurosas y se entibian, resplandecientes y se opacan, ardientes y se apaciguan, viriles y se afeminan, erguidas y se achatan. Mil sórdidos lazos las acechan desde que toman contacto con sus símiles: aprenden a medir sus virtudes y a practicarlas con parsimonia. Cada apartamiento les cuesta un desengaño, cada desvío les vale una desconfianza. Amoldan su corazón a los prejuicios y su inteligencia a las rutinas: la domesticación les facilita la lucha por la vida.

La mediocridad teme al digno y adora al lacayo. Gil Blas le encanta; simboliza al hombre práctico que de toda situación saca partido y en toda villanía tiene provecho. Persigue a Stockmann, el enemigo del pueblo, con todo afán como pone en admirar a Gil Blas: le recoge en la cueva de bandoleros y le encumbra favorito en las cortes. Es un hombre de corcho: flota. Ha sido salteador, alcahuete, ratero, prestamista, asesino, estafador, fementido, ingrato, hipócrita, traidor, político;

tan varios encenagamientos no le impiden ascender y otorgar sonrisas desde su comedero. Es perfecto en su género. Su secreto es simple: es un animal doméstico. Entra al mundo como siervo y sigue siendo servil hasta la muerte, en todas las circunstancias y situaciones: nunca tiene un gesto altivo, jamás acomete de frente un obstáculo.

El buen lenguaje clásico llamaba doméstico a todo hombre que servía. Y era justo. El hábito de la servidumbre trae consigo sentimientos de domesticidad, en los cortesanos lo mismo que en los pueblos. Habría que copiar por entero el elocuente *Discurso sobre la servidumbre voluntaria*, escrito por La Boetie en su adolescencia y cubierto de gloria por el admirativo elogio de Montaigne. Desde él miles de páginas fustigan la subordinación a los dogmatismos sociales, al acatamiento incondicional de los prejuicios admitidos, el respeto de las jerarquías adventicias, la disciplina ciega a la imposición colectiva, el homenaje decidido a todo lo que representa el orden vigente, la sumisión sistemática a la voluntad de los poderosos: todo lo que refuerza la domesticación y tiene por consecuencia inevitable el servilismo.

Los caracteres excelentes son indomesticables: tienen su norte puesto en su Ideal. Su «firmeza» los sostiene; su «luz» los guía. Las sombras, en cambio, degeneran. Fácilmente se licúa la cera; jamás el cristal pierde su arista. Los mediocres encharcan su sombra cuando el medio los instiga; los superiores se encumbran en la misma proporción en que se rebaja su ambiente. En la dicha y en la adversidad, amando y depreciando, entre risas y entre lágrimas, cada hombre firme tiene un modo peculiar de comportarse, que es su síntesis: su carácter. Las sombras no tienen esa unidad de conducta que permite prever el gesto en todas las ocasiones.

Para Zenón, el estoico, el carácter es fuente de la vida y manan de él todas nuestras acciones. Es buen decir, pero impreciso. En sus definiciones los moralistas no concuerdan con los psicólogos: aquéllos catonizan como predicadores y éstos describen como naturalistas. El carácter es una síntesis: hay que insistir en ello. Es un exponente de toda la personalidad y no de algún elemento aislado. En los mismos filósofos, que desarrollan sus aptitudes de modo parcial, el carácter parecería depender exclusivamente de condiciones intelectuales; vano error, pues su conducta es el trasunto de cien otros factores. Pensar es vivir. Todo ideal humano implica una asociación sistemática de la moral y de la voluntad, haciendo converger a su objeto los más vehementes anhelos de perfección. El investigador de una verdad se sobrepone a la sociedad en que vive: trabaja para ésta y piensa por todos, anticipándose, contrariando sus rutinas. Tiene una personalidad social, adaptada para las funciones que no puede ejercitar en una ermita; pero sus sentimientos sociales no le imponen complicidad en lo turbio. En su anastomosis con los demás conserva libres el corazón y el cerebro mediante algo propio que nunca se desorienta: el que posee un carácter no se domestica.

Gil Blas medra entre los hombres desde que la humanidad existe; han protestado contra él los idealistas de todos los tiempos. Los románticos, envueltos en sublime desdén, han enfestado contra los temperamentos serviles: Musset, por boca de *Lorenzaccio*, estruja con palabras irrelevantes la cobardía de los pueblos avenidos a la servidumbre. Y no le van en zaga los individualistas, cuyo más alto vuelo lírico alcanzara Nietzsche: sus más hermosas páginas son un código de moral antimediocre, una exaltación de cualidades inconciliables con la disciplina social. El espíritu gregario, por él acerbamente fustigado, tiene ya directores elocuentísimos, que exhiben las solidarias complicaciones con que los medrosos resisten las iniciativas de los audaces, agrupándose en modos diversos según sus intereses de clase, jerarquía o funciones.

Donde hubo esclavos y siervos se plasmaron caracteres serviles. Vencido el hombre, no lo mataban: lo hacían trabajar en provecho propio. Sujeto al yugo, tembloroso ante el látigo, el esclavo doblábase bajo coyundas que grababan en su carácter la domesticidad. Algunos —dice la historia— fueron rebeldes o alcanzaron dignidades: su rebeldía fue siempre un gesto de animal hambriento y su éxito fue el precio de complicidades en vicios de sus amos. Llegados al ejercicio de alguna autoridad, tornáronse despóticos, desprovistos de ideales que les detuvieran ante la infamia, como si quisieran con sus abusos olvidar la servidumbre sufrida anteriormente. Gil Blas fue el más bajo de los favoritos.

El tiempo y el ejercicio adaptan a la vida servil. El hábito de resignarse para medrar crea resortes cada vez más sólidos, automatismos que destiñen para siempre todo rasgo individual. El quitamotas Gil Blas se mancha de estigmas que lo hacen inconfundible con el hombre digno. Aunque emancipado, sigue siendo lacayo y da rienda suelta a bajos instintos.

La costumbre de obedecer engendra una mentalidad doméstica. El que nace de siervos la trae en la sangre, según Aristóteles. Hereda hábitos serviles y no encuentra ambiente propicio para formarse un carácter. Las vidas iniciadas en la servidumbre no adquieren dignidad. Los antiguos tenían mayor desprecio por los hijos de los siervos, reputándolos moralmente peores que los adultos reducidos al yugo por deudas o en las batallas; suponían que heredaban la domesticidad de sus padres, intensificándola en la ulterior servidumbre. Eran despreciados por sus amos.

Esto se repite en cuantos países tuvieron una raza esclava inferior. Es legítimo. Con humillante desprecio suele mirarse a los mulatos, descendientes de antiguos esclavos, en todas las naciones de raza blanca que han abolido la esclavitud; su afán por disimular su ascendencia servil demuestra que reconocen la indignidad hereditaria condensada en ellos. Ese menosprecio es natural. Así como el antiguo esclavo tornábase vanidoso e insolente si trepaba a cualquier posición donde pudiera mandar, los mulatos se ensoberbecen en las inorgánicas mediocracias sudamericanas, captando funciones y honores con que hartan sus apetitos acumulados en domesticidades seculares.

La clase crea idénticas desigualdades que la raza. Los siervos fueron tan domésticos como los esclavos; la revolución francesa dio libertad política a sus descendientes, mas no supo darles esa libertad moral que es el resorte de la dignidad. El burgués enriquecido merece el desprecio del aristócrata más que el odio del proletario, que es un aspirante a la burguesía; no hay peor jefe que el antiguo asistente ni peor amo que el antiguo lacayo. Las aristocracias son lógicas al desdeñar a los advenedizos: los consideran descendientes de criados enriquecidos y suponen que han heredado su domesticidad al mismo tiempo que las talegas.

Esas inclinaciones serviles, arraigadas en el fondo mismo de la herencia étnica o social, son bien vistas en las mediocracias contemporáneas, que nivelan políticamente al servil y al digno. Ha variado el nombre pero la cosa subsiste: la domesticidad es corriente en las sociedades modernas.

Lleva muchas décadas la abolición legal de la esclavitud o la servidumbre; los países no se creerían civilizados si las conservaran en su códigos. Eso no tuerce las costumbres; el esclavo y el siervo siguen existiendo; por temperamento o por falta de carácter. No son propiedad de sus amos, pero buscan la tutela ajena, como van a la querencia los animales extraviados. Su psicología gregaria no se transmutó, declarando los derechos del hombre; la libertad, la igualdad y la fraternidad son ficciones que los halagan, sin redimirlos. Hay inclinaciones que sobreviven a todas las leyes igualitarias y hacen amar el yugo o el látigo. Las leyes no pueden dar hombría a la sombra, carácter al amorfo, dignidad al envilecido, iniciativa a los imitadores, virtud al honesto, intrepidez al manso, afán de libertad al servil. Por eso, en plena democracia, los caracteres mediocres buscan naturalmente su bajo nivel: se domestican.

En ciertos sujetos, sin carácter desde el cáliz materno hasta la tumba, la conducta no puede seguir normas constantes. Son peligrosos porque su ayer no dice nada sobre su mañana; obran a merced de impulsos accidentales, siempre aleatorios. Si poseen algunos elementos válidos, ellos están dispersos, incapaces de síntesis; la menor sacudida pone a flote sus atavismos de salvaje y de primitivo, depositados en los surcos más profundos de su personalidad. Sus imitaciones son frágiles y poco arraigadas. Por eso son antisociales, incapaces de elevarse a la honesta condición de animales de rebaño.

A otros desgraciados, sin irreparables lagunas del temperamento, la sociedad les mezquina su educación. Las grandes ciudades pululan de niños moralmente desamparados, presas de la miseria, sin hogar, sin escuela. Viven tanteando el vicio y cosechando la corrupción, sin el hábito de la honestidad y sin el ejemplo luminoso de la virtud. Embotada su inteligencia y coartadas sus mejores inclinaciones, tienen la voluntad errante, incapaz de sobreponerse a las convergencias fatales que pugnan por hundirlos. Y si pasan su infancia sin rodar a la charca, tropiezan después con nuevos obstáculos.

El trabajo, creando el hábito del esfuerzo, sería la mejor escuela del carácter; pero la sociedad enseña a odiarlo, imponiéndole precozmente, como una ignominia desagradable o un envilecimiento infame, bajo la esclavitud de yugos y de horarios, ejecutado por hambre o por avaricia, hasta que el hombre huye de él como de un castigo: solo podrá amarlo cuando sea una gimnasia espontánea de sus gustos y de sus aptitudes. Así la sociedad completa su obra; los que no naufragan por la educación malsana escollan en el trabajo embrutecedor. En la compleja actividad moderna las voluntades claudicantes son toleradas; sus incongruencias quedan ocultas mientras los actos se refieren a vulgares automatismos de la vida diaria; pero cuando una circunstancia nueva los obliga a buscar una solución, la personalidad se agita al azar y revela sus vicios intrínsecos.

Esos degenerados son indomesticables.

Los otros, como Gil Blas, carecen de contralor sobre su propia conducta y olvidan que la más leve caída puede ser el paso inicial hacia una degradación completa. Ignoran que cada esfuerzo de dignidad consolida nuestra firmeza: cuanto más peligrosa es la verdad que hoy decimos, tanto más fácil será mañana pronunciar otras a voz en cuello.

En los mundos minados por la hipocresía todo conspira contra las virtudes civiles: los hombres se corrompen los unos a los otros, se imitan en lo intérlope, se estimulan en lo turbio, se justifican recíprocamente. Una atmósfera tibia entorpece al que cede por primera vez a la tentación de lo injusto; las consecuencias de la primera falta pueden ir hasta lo infinito. Los mediocres no saben evitarla; en vano harían el propósito de volver al buen sendero y enmendarse. Para las sombras no hay rehabilitación; prefieren excusar las desviaciones leves, sin advertir que ellas preparan las hondas. Todos los hombres conocen esas pequeñas flaquezas, que de otro modo fueran perfectos desde su origen; pero mientras en los caracteres firmes pasan como un roce que no deja rastro, en los blandos aran un surco por donde se facilita la recidiva, ésa es la vía del envilecimiento. Los virtuosos la ignoran; los honestos se dejan tentar. Como a Gil Blas, solo les cuesta la primera caída; después siguen cayendo como el agua en las cascadas, a saltitos, de pequeñez en pequeñez, de flaqueza en flaqueza, de curiosidad en curiosidad. Los remordimientos de la primera culpa ceden a la necesidad de ocultarla con otras ante las cuales ya no se amedrentan. Su carácter se disocia y ellos se tuercen, andan a ciegas, tropiezan, dan barquinazos, adoptan expedientes, disfrazan sus intenciones, acceden por senderos tortuosos, buscan cómplices diestros para avanzar en la tiniebla. Después de los primeros tanteos se marchan deprisa, hasta que las raíces mismas de su moral se aniquilan. Así resbalan por la pendiente, aumentando la cohorte de lacayos y parásitos: centenares de Gil Blas carcomen las bases de la sociedad que ha pretendido modelarlos a su imagen y semejanza.

Los hombres sin ideales son incapaces de resistir las asechanzas de hartazgos materiales sembrados en su camino. Cuando han cedido a la tentación quedan cebados, como las fieras que conocen el sabor de la sangre humana.

Por la circunstancia de pensar siempre con la cabeza de la sociedad, el doméstico es el puntal más seguro de todos los prejuicios políticos, religiosos, morales y sociales. Gil Blas está siempre con las manos congestionadas por el aplauso a los ungidos y con el arma afilada para agredir al rebelde que anuncia una herejía. El panurguismo y la intolerancia son los colores de su escarapela, cuyo respeto exige de todos.

Es incalculable la infinidad de gentes domésticas que nos rodea. Cada funcionario tiene un rebaño voraz, sumiso a sus caprichos, como los hambrientos al de quien los harta. Si fuesen capaces de vergüenza, los adulones vivirían más enrojecidos que las amapolas; lejos de eso, pasean su domesticidad y están orgullosos de ella, exhibiéndola con donaire, como luce la pantera las aterciopeladas manchas de su piel. La domesticación realízase de cien maneras, tentando sus apetitos. En los límites de la influencia oficial los medios de aclimatación se multiplican, especialmente en los países apestados de funcionarismo. Los pobres de carácter no resisten; ceden a esa hipnotización. La pérdida de su dignidad iníciase cuando abren el ojo a la prebenda que estremece su estómago o nubla su vanidad, inclinándose ante las manos que hoy le otorgan el favor y mañana le manejarán la rienda. Aunque ya no hay servidumbre legal, muchos sujetos, libres de la domesticidad forzosa, se avienen a ella voluntariamente, por vocación implícita en su flaqueza. Están mancillados desde la cuna; aun no habiendo menester de beneficios, son instintivamente serviles. Los hay en todas las clases sociales. El precio de su indignidad varía con el rango y se traduce en formas tan diversas como las personas que la ejercitan.

Alentando a Gil Blas, rebájase el nivel moral de los pueblos y de las razas; no es tolerancia estimular el abellacamiento. La cotización del mérito decae. La mansedumbre silenciosa es preferida a la dignidad altiva. La piel se cubre de más afeites cuando es menos sólida la columna vertebral; las buenas maneras son más apreciadas que las buenas acciones. Si el de Santillana se enguanta para robar, merece la admiración de todos; si Stockmann se desnuda para salvar a un náufrago, lo condenan por escándalo. En los pueblos domesticados llega un momento en que la virtud parece un ultraje a las costumbres.

Las sombras viven con el anhelo de castrar a los caracteres firmes y decapitar a los pensadores alados, no perdonándoles el lujo de ser viriles o tener cerebro. La falta de virilidades es elogiada como un refinamiento, lo mismo que en los caballos de paseo. La ignorancia parece una coquetería, como la duda elegante que inquieta a ciertos fanáticos sin ideales. Los méritos conviértense en contrabando peligroso, obligados a disculparse y ocultarse, como si ofendieran por su sola existencia. Cuando el hombre digno empieza a despertar recelos, el envilecimiento colectivo es grave; cuando la dignidad parece absurda y es cubierta de ridículo, la domesticación de los mediocres ha llegado a sus extremos.

III. La vanidad

El hombre es. La sombra parece. El hombre pone su honor en el mérito propio y es juez supremo de sí mismo; asciende a la dignidad. La sombra pone el suyo en la estimación ajena y renuncia a juzgarse; desciende a la vanidad. Hay una moral del honor y otra de su caricatura: ser o parecer. Cuando un ideal de perfección impulsa a ser mejores, ese culto de los propios méritos consolida en los hombres la dignidad; cuando el afán de parecer arrastra a cualquier abajamiento, el culto de la sombra enciende la vanidad.

Del amor propio nacen las dos: hermanas por su origen, como Abel y Caín. Y más enemigas que ellos, irreconciliables. Son formas diversas de amor propio. Siguen caminos divergentes. La una florece sobre el orgullo, celo escrupuloso puesto en el respeto de sí mismo; la otra nace de la soberbia, apetito de culminación ante los demás. El orgullo es una arrogancia originaria por nobles motivos y quiere aquilatar el mérito; la soberbia es una desmedida presunción y busca alargar la sombra. Catecismos y diccionarios han colaborado a la mediocrización moral, subvirtiendo los términos que designan lo eximio y lo vulgar. Donde los padres de la Iglesia decían soberbia, como los antiguos, fustigándola, tradujeron los zascandiles orgullo, confundiendo sentimientos distintos. De ahí el equivocar la vanidad con la dignidad, que es su antítesis, y el intento de tasar a igual precio los hombres y las sombras, con desmedro de los primeros.

En su forma embrionaria revélase el amor propio como deseo de elogios y temor de censuras: una exagerada sensibilidad a la opinión ajena. En los caracteres conformados a la rutina y a los prejuicios corrientes, el deseo de brillar en su medio y el juicio que sugieren al pequeño grupo que los rodea, son estímulos para la acción. La simple circunstancia de vivir arrebañados predispone a perseguir la aquiescencia ajena; la estima propia es favorecida por el contraste o la comparación con los demás. Trátase hasta aquí de un sentimiento normal.

Pero los caminos divergen. En los dignos el propio juicio antepónese a la aprobación ajena; en los mediocres se postergan los méritos y se cultiva la sombra. Los primeros viven para sí; los segundos vegetan para los otros. Si el hombre no viviera en sociedad, el amor propio sería dignidad en todos; viviendo en grupos, lo es solamente en los caracteres firmes.

Ciertas preocupaciones, reinantes en las mediocracias, exaltan a los domésticos. El brillo de la gloria sobre las frentes elegidas deslumbra a los ineptos, como el hartazgo del rico encela al miserable. El elogio del mérito es un estímulo para su simulación. Obsesionados por el éxito, e incapaces de soñar la gloria, muchos impotentes se envanecen de méritos ilusorios y virtudes secretas que los demás no reconocen; créense actores de la comedia humana; entran en la vida construyéndose un escenario, grande o pequeño, bajo o culminante, sombrío o luminoso; viven con perpetua preocupación del juicio ajeno sobre su sombra. Consumen su existencia sedientos de distinguirse en su órbita, de preocupar a su mundo, de cultivar la atención ajena por cualquier medio y de cualquier manera. La diferencia, si la hay, es puramente cuantitativa entre la vanidad del escolar que persigue diez puntos en los exámenes, la del político que sueña verse aclamado ministro o presidente, la del novelista que aspira a ediciones de cien mil ejemplares y la del asesino que desea ver su retrato en los periódicos.

La exaltación del amor propio, peligrosa en los espíritus vulgares, es útil al hombre que sirve un Ideal. Éste le cristaliza en dignidad; aquéllos le degeneran en vanidad. El éxito envanece al tonto, nunca al excelente. Esa anticipación de la gloria hipertrofia la personalidad en los hombres superiores: es su condición natural. ¿El atleta no tiene, acaso, bíceps excesivos hasta la deformidad? La función hace el órgano. El «yo» es el órgano propio de la originalidad: absoluta en el genio. Lo que es absurdo en el mediocre, en el hombre superior es un adorno: simple exponente de fuerza. El músculo abultado no es ridículo en el atleta; lo es, en cambio, toda adiposidad excesiva, por monstruosa e inútil, como la vanidad del insignificante. Ciertos hombres de genio, Sarmiento, pongamos por caso, habrían sido incompletos sin su megalomanía.

Su orgullo nunca excede a la vanidad de los imbéciles. La aparente diferencia guarda proporción con el mérito. A un metro y a simple vista nadie ve la pata de una hormiga, pero todos perciben la garra de un león: lo propio ocurre con el egotismo ruidoso de los hombres y la desapercibida soberbia de las sombras. No pueden confundirse. El vanidoso vive comparándose con los que le rodean, envidiando toda excelencia ajena y carcomiendo toda reputación que no puede igualar; el orgulloso no se compara con los que juzga inferiores y pone su mirada en tipos ideales de perfección que están muy alto y encienden su entusiasmo.

El orgullo, subsuelo indispensable de la dignidad, imprime a los hombres cierto bello gesto que las sombras censuran. Para ello el babélico idioma de los vulgares ha enmarañado la significación del vocablo, acabando por ignorarse si designa un vicio o una virtud. Todo es relativo. Si hay méritos, el orgullo es un derecho; si no los hay, se trata de vanidad. El hombre que afirma un Ideal y se perfecciona hacia él, desprecia, con eso, la atmósfera inferior que le asfixia; es un sentimiento natural, cimentado por una desigualdad efectiva y constante. Para los mediocres, sería más grato que no les enrostrara esa humillante diferencia; pero olvidan que ellos son sus enemigos, constriñendo su tronco robusto como la hiedra a la encina, para ahogarle en el número infinito. El digno está obligado a burlarse de las mil rutinas que el servil adora bajo el nombre de principios; su conflicto es perpetuo. La dignidad es un rompeolas opuesto por el individuo a la marea que le acosa. Es aislamiento de los domésticos y desprecio de sus pastores, casi siempre esclavos del propio rebaño.

IV. La dignidad

El que aspira a parecer renuncia a ser. En pocos hombres súmanse el ingenio y la virtud en un total de dignidad: forman una aristocracia natural, siempre exigua frente al número infinito de espíritus omisos. Credo supremo de todo idealismo, la dignidad es unívoca, intangible, intransmutable. Es síntesis de todas las virtudes que acercan al hombre y borran la sombra: donde ella falta no existe el sentimiento del honor. Y así como los pueblos sin dignidad son rebaños, los individuos sin ella son esclavos.

Los temperamentos adamantinos firmeza y luz apártanse de toda complicidad, desafían la opinión ajena si con ello han de salvar la propia, declinan todo bien mundano que requiera una abdicación, entregan su vida misma antes que traicionar sus ideales. Van rectos, solos, sin contaminarse en facciones, convertidos en viviente protesta contra todo abellacamiento o servilismo. Las sombras vanidosas se mancornan para disculparse en el número, rehuyendo las íntimas sanciones de la conciencia; domesticadas, son incapaces de gestos viriles, fáltales coraje. La dignidad implica valor moral. Los pusilánimes son importantes, como los aturdidos; los unos reflexionan cuándo conviene obrar, y los otros obran sin haber reflexionado. La insuficiencia del esfuerzo equivale a la desorientación del impulso: el mérito de las acciones se mide por el afán que cuestan y no por sus resultados. Sin coraje no hay honor. Todas sus formas implican dignidad y virtud. Con su ayuda los sabios acometen la exploración de lo ignoto, los moralistas minan las sórdidas fuentes del mal, los osados se arriesgan para violar la altura y la extensión, los justos se adiamantan en la fortuna adversa, los firmes resisten la tentación y los severos el vicio, los mártires van a la hoguera por desenmascarar una hipocresía, los santos mueren por un Ideal. Para anhelar una perfección es indispensable: «El coraje —sentenció Lamartine— es la primera de las elocuencias, es la elocuencia del carácter». Noble decir. El que aspira a ser águila debe mirar lejos y volar alto; el que se resigna a arrastrarse como un gusano renuncia al derecho de protestar si lo aplastan.

La flebedad y la ignorancia favorecen la domesticación de los caracteres mediocres adaptándolos a la vida mansa; el coraje y la cultura exaltan la personalidad de los excelentes, floreciéndola de dignidad. El lacayo pide; el digno merece. Aquél solicita del favor lo que éste espera del mérito. Ser digno significa no pedir lo que se merece, ni aceptarlo inmerecido. Mientras los serviles trepan entre las malezas del favoritismo, los austeros ascienden por la escalinata de sus virtudes. O no ascienden por ninguna.

La dignidad estimula toda perfección del hombre; la vanidad acicatea cualquier éxito de la sombra. El digno ha escrito un lema en su blasón: lo que tiene por precio una partícula de honor, es caro. El pan sopado en la adulación, que engorda al servil, envenena al digno. Prefiere, éste, perder un derecho a obtener un favor; mil años le serán más leves que medrar indignamente. Cualquiera herida es transitoria y puede dolerle una hora; la más leve domesticidad le remordería toda la vida.

Cuando el éxito no depende de los propios méritos, bástale conservarse erguido, incólume, irrevocable en la propia dignidad. En las bregas domésticas, la obstinada sinrazón suele triunfar del mérito sonriente; la pertinacia del indigno es proporcional a su acorchamiento. Los hombres ejemplares desdeñan cualquier favor; se estiman superiores a lo que puede darse sin mérito. Prefieren vivir crucificados sobre su orgullo a prosperar arrastrándose; querrían que al morir su Ideal les acompañase blanquivestido y sin manchas de abajamientos, como si fueran a desposarlo más allá de la muerte.

Los caracteres dignos permanecen solitarios, sin lucir en el anca ninguna marca de hierro; son como el ganado levantisco que hociquea los tiernos tréboles de la campiña virgen, sin aceptar la fácil ración de los pesebres. Si su pradera es árida no importa; en libre oxigeno aprovechan más que en cebadas copiosas, con la ventaja de que aquél se toma y éstas se reciben de alguien. Prefieren estar solos, mientras no puedan juntarse con sus iguales. Cada flor englobada en un ramillete pierde su perfume propio. Obligado a vivir entre desemejantes, el digno mantiénese, se paseaba entre los hombres como si ellos fueran árboles; y Banville escribió de Gautier: «Era de aquellos que bajo todos los regímenes, son necesaria e invenciblemente libres: cumplía su obra con desdeñosa altivez y con la firme designación de un dios desterrado».

Ignora el hombre digno las cobardías que dormitan en el fondo de los caracteres serviles; no sabe desarticular su cerviz. Su respeto por el mérito le obliga a descartar toda sombra que carece de él, a agredirla sin amenaza, castigarla si hiere. Cuando la muchedumbre que obstruye sus anhelos es anodina y no tiene adversarios que fazferir, el digno se refugia en sí mismo, se atrinchera en sus ideales y calla, temiendo estorbar con sus palabras a las sombras que lo escuchan. Y mientras cambia el clima, como es fatal en la alternativa de las estaciones, espera anclado en su orgullo, como si éste fuera el puerto natural y más seguro para su dignidad.

Vive con la obsesión de no depender de nadie; sabe que sin independencia material el honor está expuesto a mil mancillas, y para adquirirla soportará los más rudos trabajos, cuyo fruto será su libertad en el porvenir. Todo parásito es un siervo; todo mendigo es un doméstico. El hambriento puede ser rebelde; pero nunca un hombre libre. Enemiga poderosa de la dignidad es la miseria; ella hace trizas los caracteres vacilantes e incuba las peores servidumbres. El que no ha atravesado dignamente una pobreza es un heroico ejemplar de carácter.

El pobre no puede vivir su vida, tantos son los compromisos de la indigencia; redimirse de ella es comenzar a vivir. Todos los hombres altivos viven soñando una modesta independencia material; la miseria es mordaza que traba la lengua y paraliza el corazón. Hay que escapar de sus garras para elegirse el Ideal más alto, el trabajo más agradable, la mujer más santa, los amigos más leales, los horizontes más risueños, el aislamiento más tranquilo. La pobreza impone el enrolamiento social; el individuo se inscribe en un gremio, más o menos jornalero, más o menos funcionario, contrayendo deberes y sufriendo presiones denigrantes que le empujan a domesticarse. Enseñaban los estoicos los secretos de la dignidad: contentarse con lo que se tiene, restringiendo las propias necesidades. Un hombre libre no espera nada de otros, no necesita pedir. La felicidad que da el dinero está en no tener que preocuparse de él; por ignorar ese precepto no es libre el avaro, ni es feliz. Los bienes que tenemos son la base de nuestra independencia; los que deseamos son la cadena remachada sobre nuestra esclavitud. La fortuna aumenta la libertad de los espíritus cultivados y torna vergonzosa la ridiculez de los palurdos. Suprema es la indignidad de los que adulan teniendo fortuna; ésta les redimiría todas las domesticidades, si no fuesen esclavos de la vanidad.

Los únicos bienes intangibles son los que acumulamos en el cerebro y en el corazón; cuando ellos faltan ningún tesoro los sustituye.

Los orgullosos tienen el culto de su dignidad: quieren poseerla inmaculada, libre de remordimientos, sin flaquezas que la envilezcan o la rebajen. A ella sacrifican bienes;

honores, éxitos: todo lo que es propicio al crecimiento de la sombra. Para conservar la estima propia no vacilan en afrontar la opinión de los mansos y embestir sus prejuicios; pasan por indisciplinados y peligrosos entre los que en vano intentan malear su altivez. Son raros en las mediocracias, cuya chatura moral los expone a la misantropía; tienen cierto aire desdeñoso y aristocrático que desagrada a los vanidosos más culminantes, pues los humilla y avergüenza. Inflexibles y tenaces porque llevan en el corazón una fe sin dudas, una convicción que no trepida, una energía indómita que a nada cede ni teme, suelen tener asperezas urticantes para los hombres amorfos. En algunos casos pueden ser altruistas, o porque cristianos es la más alta acepción del vocablo o porque profundamente afectivos: presentan entonces uno de los caracteres más sublimes, más espléndidamente bellos y que tanto honran a la naturaleza humana. Son los santos del honor, los poetas de la dignidad. Siendo héroes, perdonan las cobardías de los demás; victoriosos siempre ante sí mismos, compadecen a los que en la batalla de la vida siembran, hecha jirones, su propia dignidad. Si la estadística pudiera decirnos el número de hombres que poseen este carácter en cada nación, esa cifra bastaría, por sí sola, mejor que otra cualquiera, para indicarnos el valor moral de un pueblo.

La dignidad, afán de autonomía, lleva a reducir la dependencia de otros a la medida de lo indispensable, siempre enorme. La Bruyére, que vivió como intruso en la domesticidad cortesana de su siglo, supo medir el altísimo precepto que encabeza el *Manual* de Epicteto, a punto de apropiárselo textualmente sin amenguar con ello su propia gloria: «Se faire valoir par des choses qui ne dependet point des autres, mais de sois seul, ou renoncer a se faire valoir».[7] Esa máxima le parece inestimable y de recursos infinitos en la vida, útil para los virtuosos y los que tienen ingenio, tesoro intrínseco de los caracteres excelentes; es, en cambio, proscrita donde reina la mediocridad, «pues desterraría de las Cortes las tretas, los cabildeos, los malos oficios, la bajeza, la adulación y la intriga». Las naciones no se llenarían de serviles domesticados, sino de varones excelentes que legarían a sus hijos menos vanidades y más nobles ejemplos. Amando los propios méritos más que la prosperidad indecorosa, crecería el amor a la virtud, el deseo de la gloria, el culto por ideales de perfección incesante: en la admiración por los genios, los santos y los héroes. Esa dignificación moral de los hombres señalaría en la historia el ocaso de las sombras.

7   Hacerse valer por cosas que no dependen de los demás, sino de uno
      mismo, o renunciar a hacerse valer.

Capítulo V. La envidia

I. La pasión de los mediocres

La envidia es una adoración de los hombres por las sombras, del mérito por la mediocridad. Es el rubor de la mejilla sonoramente abofeteada por la gloria ajena. Es el grillete que arrastran los fracasados. Es el acíbar que paladean los impotentes. Es un venenoso humor que mana de las heridas abiertas por el desengaño de la insignificancia propia. Por sus horcas caudinas pasan, tarde o temprano, los que viven esclavos de la vanidad: desfilan lívidos de angustia, torvos, avergonzados de su propia tristura, sin sospechar que su ladrido envuelve una consagración inequívoca del mérito ajeno. La inextinguible hostilidad de los necios fue siempre el pedestal de un monumento.

Es la más innoble de las torpes lacras que afean a los caracteres vulgares. El que envidia se rebaja sin saberlo, se confiesa subalterno; esta pasión es el estigma psicológico de una humillante inferioridad, sentida, reconocida. No basta ser inferior para envidiar, pues todo hombre lo es de alguien en algún sentido; es necesario sufrir del bien ajeno, de la dicha ajena, de cualquiera culminación ajena. En ese sufrimiento está el núcleo moral de la envidia: muerde el corazón como un ácido, lo carcome como una polilla, lo corroe como la herrumbre al metal.

Entre las malas pasiones ninguna la aventaja. Plutarco decía —y lo repite La Rochefoucauld— que existen almas corrompidas hasta jactarse de vicios infames; pero ninguna ha tenido el coraje de confesarse envidiosa. Reconocer la propia envidia implicaría, a la vez, declararse inferior al envidiado;

trátase de pasión tan abominable, y tan universalmente detestada, que avergüenza al más impúdico y se hace lo indecible por ocultarla.

Sorprende que los psicólogos la olviden en sus estudios sobre las pasiones, limitándose a mencionarla como un caso particular de los celos. Fue siempre tanta su difusión y su virulencia, que ya la mitología grecolatina le atribuye origen sobrehumano, haciéndola nacer de las tinieblas nocturnas. El mito le asigna cara de vieja horriblemente flaca y exangüe, cubierta de cabeza de víboras en vez de cabellos. Su mirada es hosca y los ojos hundidos; los dientes negros y la lengua untada con tósigos fatales; con una mano ase tres serpientes, y con la otra una hidra o una tea; incuba en su seno un monstruoso reptil que la devora continuamente y le instila su veneno; está agitada; no ríe; el sueño nunca cierra los párpados sobre sus ojos irritados. Todo suceso feliz le aflige o atiza su congoja; destinada a sufrir, es el verdugo implacable de sí misma.

Es pasión traidora y propicia a las hipocresías. Es al odio como la ganzúa a la espada; la emplean los que no pueden competir con los envidiados. En los ímpetus del odio puede palpitar el gesto de la garra que en un desesperado estremecimiento destroza y aniquila; en la subrepticia reptación de la envidia solo se percibe el arrastramiento tímido del que busca morder el talón.

Teofrasto creyó que la envidia se confunde con el odio o nace de él, opinión ya enunciada por Aristóteles, su maestro. Plutarco abordó la cuestión, preocupándose de establecer diferencias entre las dos pasiones (*Obras morales*, II). Dice que a primera vista se confunden; parecen brotar de la maldad, y cuando se asocian tórnanse más fuertes, como las enfermedades que se complican. Ambas sufren del bien y gustan del mal ajeno; pero esta semejanza no basta para confundirlas, si atendemos a sus diferencias. Solo se odia lo que se cree malo o nocivo; en cambio, toda prosperidad excita la envidia, como cualquier resplandor irrita los ojos enfermos. Se puede odiar a las cosas y a los animales; solo se puede envidiar a los hombres. El odio puede ser justo, motivado; la envidia es siempre injusta, pues la prosperidad no daña a nadie. Estas dos pasiones, como plantas de una misma especie, se nutren y fortifican por causas equivalentes: se odia más a los más perversos y se envidia más a los más meritorios. Por eso Temístocles decía, en su juventud, que aún no había realizado ningún acto brillante, porque todavía nadie le envidiaba. Así como las cantáridas prosperan sobre los trigales más rubios y los rosales más florecientes, la envidia alcanza a los hombres más famosos por su carácter y por su virtud. El odio no es desarmado por la buena o la mala fortuna; la envidia sí. Un Sol que ilumina perpendicularmente desde el más alto punto del cielo reduce a nada o muy poco la sombra de los objetos que están debajo: así, observa Plutarco, el brillo de la gloria achica la sombra de la envidia y la hace desaparecer.

El odio que injuria y ofende es temible; la envidia que calla y conspira es repugnante. Algún libro admirable dice que ella es como las caries de los huesos; ese libro es la *Biblia*, casi de seguro, o debiera serlo. Las palabras más crueles que un insensato arroja a la cara no ofenden la centésima parte de las que el envidioso va sembrando constantemente a la espalda; éste ignora las reacciones del odio y expresa su inquina tartajeando, incapaz de encresparse en ímpetus viriles: diríase que su boca está amargada por una hiel que no consigue arrojar ni tragar. Así como el aceite apaga la cal y aviva el fuego, el bien recibido contiene el odio en los nobles espíritus y exaspera la envidia en los indignos. El envidioso es ingrato, como luminoso el Sol, la nube opaca y la nieve fría: lo es naturalmente.

El odio es rectilíneo y no teme la verdad: la envidia es torcida y trabaja la mentira. Envidiando se sufre más que odiando: como esos tormentos enfermizos que tórnanse terroríficos de noche, amplificados por el horror de las tinieblas.

El odio puede hervir en los grandes corazones; puede ser justo y santo; lo es muchas veces, cuando quiere borrar la tiranía, la infamia, la indignidad. La envidia es de corazones pequeños. La conciencia del propio mérito suprime toda menguada villanía; el hombre que se siente superior no puede envidiar, ni envidia nunca el loco feliz que vive con delirio de las grandezas. Su odio está de pie y ataca de frente. César aniquiló a Pompeyo, sin rastrerías; Donnatello venció con su «Cristo» al de Brunelleschi, sin abajamientos; Nietzsche fulminó a Wagner, sin envidiarlo. Así como la genialidad presiente la gloria y da a sus predestinados cierto ademán apocalíptico, la certidumbre de un oscuro porvenir vuelve miopes y reptiles a los mediocres. Por eso los hombres sin méritos siguen siendo envidiosos a pesar de los éxitos obtenidos por su sombra mundana, como si un remordimiento interior les gritara que los usurpan sin merecerlos. Esa conciencia de su mediocridad es un tormento; comprenden que solo pueden permanecer en la cumbre impidiendo que otros lleguen hasta ellos y los descubran. La envidia es una defensa de las sombras contra los hombres.

Con los distingos enunciados, los clásicos aceptan el parentesco entre la envidia y el odio, sin confundir ambas pasiones. Conviene sutilizar el problema distinguiendo otras que se le parecen: la emulación y los celos.

La envidia, sin duda, arraiga como ellas en una tendencia efectiva, pero posee caracteres propios que permiten diferenciarla. Se envidia lo que otros ya tienen y se desearía tener, sintiendo que el propio es un deseo sin esperanza; se cela lo que ya se posee y se teme perder; se emula en pos de algo que otros también anhelan, teniendo la posibilidad de alcanzarlo.

Un ejemplo tomado en las fuentes más notorias ilustrará la cuestión. Envidiamos la mujer que el prójimo posee y nosotros deseamos, cuando sentimos la imposibilidad de disputársela. Celamos la mujer que nos pertenece, cuando juzgamos incierta su posesión y tememos que otro pueda compartirla o quitárnosla. Competimos sus favores en noble emulación, cuando vemos la posibilidad de conseguirlos en igualdad de condiciones con otro que a ellos aspira. La envidia nace, pues, del sentimiento de inferioridad respecto de su objeto; los celos derivan del sentimiento de posesión comprometido; la emulación surge del sentimiento de potencia que acompaña a toda noble afirmación de la personalidad.

Por deformación de la tendencia egoísta algunos hombres están naturalmente inclinados a envidiar a los que poseen tal superioridad por ellos anhelada en vano; la envidia es mayor cuando más imposible se considera la adquisición del bien codiciado. Es el reverso de la emulación; ésta es una fuerza propulsora y fecunda, siendo aquélla una rémora que traba y esteriliza los esfuerzos del envidioso. Bien lo comprendió Bartrina, en su admirable quintilla:

> La envidia y la emulación pa-
> rientes dicen que son; aunque
> en todo diferentes al fin tam-
> bién son parientes el diamante
> y el carbón.

La emulación es siempre noble: el odio mismo puede serlo algunas veces. La envidia es una cobardía propia de los débiles, un odio impotente, una incapacidad manifiesta de competir o de odiar.

El talento, la belleza, la energía, quisieran verse reflejados en todas las cosas e intensificados en proyecciones innumerables: la estulticia, la fealdad y la impotencia sufren tanto o más por el bien ajeno que por la propia desdicha. Por eso toda superioridad es admirativa y toda subyacencia es envidiosa. Admirar es sentirse creer en la emulación con los más grandes.

Un ideal preserva de la envidia. El que escucha ecos de voces proféticas al leer los escritos de los grandes pensadores; el que siente grabarse en su corazón, con caracteres profundos como cicatrices, su clamor visionario y divino; el que se extasía contemplando las supremas creaciones plásticas; el que goza de íntimos escalofríos frente a las obras maestras accesibles a sus sentidos, y se entrega a la vida que palpita en ellas, y se conmueve hasta cuajársele de lágrimas los ojos, y el corazón bullicioso se le arrebata en fiebre de emoción; ése tiene un noble espíritu y puede incubar el deseo de crear tan grandes cosas como las que sabe admirar. El que no se inmuta leyendo a Dante, mirando a Leonardo, oyendo a Beethoven, puede jurar que la Naturaleza no ha encendido en su cerebro la antorcha suprema, ni paseará jamás sin velos ante sus ojos miopes que no saben admirarla en las obras de los genios.

La emulación presume un afán de equivalencia, implica la posibilidad de un nivelamiento; saluda a los fuertes que van camino de la gloria, marchando ella también. Solo el impotente, convicto y confeso, emponzoña su espíritu hostilizando la marcha de los que no puede seguir.

Toda la psicología de la envidia está sintetizada en una fábula, digna de incluirse en los libros de lectura infantil. Un ventrudo sapo graznaba en su pantano cuando vio resplandecer en lo más alto de las toscas a una luciérnaga.

Pensó que ningún ser tenía derecho de lucir cualidades que él mismo no poseería jamás. Mortificado por su propia impotencia, saltó hasta ella y la cubrió con su vientre helado. La inocente luciérnaga osó preguntarle: ¿Por qué me tapas? Y el sapo, congestionado por la envidia, solo acertó a interrogar a su vez: ¿Por qué brillas?

2. Psicología de los Envidiosos

Siendo la envidia un culto involuntario del mérito, los envidiosos son, a pesar suyo, sus naturales sacerdotes.

El propio Hornero encarnó ya, en Tersites, al envidioso de los tiempos heroicos; como si sus lacras físicas fuesen exiguas para exponerlo al baldón eterno, en un simple verso nos da la línea sombría de su moral, diciéndolo enemigo de Aquiles y de Ulises: puede medirse por las excelencias de las personas que envidia.

Shakespeare trazó una silueta definitiva en su Yago feroz, almácigo de infamias y cobardías, capaz de todas las traiciones y de todas las falsedades. El envidioso pertenece a una especie moral raquítica, mezquina, digna de compasión o de desprecio. Sin coraje para ser asesino, se resigna a ser vil. Rebaja a los otros, desesperado de la propia elevación. Pensó que ningún ser tenía derecho de lucir cualidades que él mismo no poseería jamás. Mortificado por su propia impotencia, saltó hasta ella y la cubrió con su vientre helado. La inocente luciérnaga osó preguntarle: ¿Por qué me tapas? Y el sapo, congestionado por la envidia, solo acertó a interrogar a su vez: ¿Por qué brillas?

II. Psicología de los Envidiosos

Siendo la envidia un culto involuntario del mérito, los envidiosos son, a pesar suyo, sus naturales sacerdotes.

El propio Homero encarnó ya, en Tersites, al envidioso de los tiempos heroicos; como si sus lacras físicas fuesen exiguas para exponerlo al baldón eterno, en un simple verso nos da la línea sombría de su moral, diciéndolo enemigo de Aquiles y de Ulises: puede medirse por las excelencias de las personas que envidia.

Shakespeare trazó una silueta definitiva en su Yago feroz, almácigo de infamias y cobardías, capaz de todas las traiciones y de todas las falsedades. El envidioso pertenece a una especie moral raquítica, mezquina, digna de compasión o de desprecio. Sin coraje para ser asesino, se resigna a ser vil. Rebaja a los otros, desesperado de la propia elevación.

La familia ofrece variedades infinitas, por la combinación de otros estigmas con el fundamental. El envidioso pasivo es solemne y sentencioso; el activo es un escorpión atrabiliario. Pero, lúgubre o bilioso, nunca sabe reír de risa inteligente y sana. Su mueca es falsa: ríe a contrapelo.

¿Quién no los codea en su mundo intelectual? El envidioso pasivo es de cepa servil. Si intenta practicar el bien, se equivoca hasta el asesinato: diríase que es un miope cirujano predestinado a herir los órganos vitales y respetar la víscera cancerosa. No retrocede ante ninguna bajeza cuando un astro se levanta en su horizonte: persigue al mérito hasta dentro de su tumba. Es serio, por incapacidad de reírse; le atormenta la alegría de los satisfechos. Proclama la importancia de la solemnidad y la practica; sabe que sus congéneres aprueban tácitamente esa hipocresía que escuda la irremediable inferioridad: no vacila en sacrificarles la vida de sus propios hijos, empujándoles, si es necesario, en el mismo borde de la tumba.

El envidioso activo posee una elocuencia intrépida, disimulando con niágaras de palabras su estiptiquez de ideas. Pretende sondar los abismos del espíritu ajeno, sin haber podido nunca desenredar el propio. Parece tener mil lenguas, como el clásico monstruo rabelesiano. Por todas ella destila su insidiosidad de viborezno en forma de elogio reticente, pues la viscosidad urticante de su falso loar es el máximum de su valentía moral. Se multiplica hasta lo infinito; tiene mil piernas y se insinúa doquier; siembra la intriga entre sus propios cómplices, y, llegado el caso, los traiciona. Sabiéndose de antemano repudiado por la gloria, se refugia en esas academias donde los mediocres se empampanan de vanidad si alguna inexplicable paternidad complica la quietud de su madurez estéril, podéis jurar que su obra es fruto del esfuerzo ajeno. Y es cobarde para ser completo; se arrastra ante los que turban sus noches con la aureola del ingenio luminoso, besa la mano del que le conoce y le desprecia, se humilla ante él. Se sabe inferior; su vanidad solo aspira a desquitarse con las frágiles compensaciones de la zangamanga a ras de tierra.

A pesar de sus temperamentos heterogéneos, el destino suele agrupar a los envidiosos en camarillas o en círculos, sirviéndoles de argamasa el común sufrimiento por la dicha ajena. Allí desahogan su pena íntima difamando a los envidiados y vertiendo toda su hiel como un homenaje a la superioridad del talento que los humilla. Son capaces de envidiar a los grandes muertos, como si los detestaran personalmente. Hay quien envidia a Sócrates y quién a Napoleón, creyendo igualarse a ellos rebajándolos; para eso endiosarán a un Brunetiére o un Boulanger. Pero esos placeres malignos poco amenguan su desventura, que está en sufrir de toda felicidad y en martirizarse de toda gloria. Rubens lo presintió al pintar la envidia, en un cuadro de la Galería Medicea, sufriendo entre la pompa luminosa de la inolvidable regencia.

El envidioso cree marchar al calvario cuando observa que otros escalan la cumbre. Muere en el tormento de envidiar al que le ignora o desprecia, gusano que se arrastra sobre el zócalo de la estatua. Todo rumor de alas parece estremecerlo, como si fuera una burla a sus vuelos gallináceos. Maldice la luz, sabiendo que en sus propias tinieblas no amanecerá un solo día de gloria. ¡Si pudiera organizar una cacería de águilas o decretar un apagamiento de astros!

Lo que es para otros causa de felicidad, puede ser objeto de envidia. La ineptitud para satisfacer un deseo o hartar un apetito determina esta pasión que hace sufrir del bien ajeno. El criterio para valorar lo envidiado es puramente subjetivo: cada hombre se cree la medida de los demás, según el juicio que tiene de sí mismo.

Se sufre la envidia apropiada a las inferioridades que se sienten, sea cual fuere su valor objetivo. El rico puede sentir emulación o celos por la riqueza ajena; pero envidiará el talento. La mujer bella tendrá celos de otra hermosura; pero envidiará a las ricas. Es posible sentirse superior en cien cosas e inferior en una sola; éste es el punto frágil por donde tienta su asalto la envidia.

El sujeto descollante encuentra su cohorte de envidiosos en la esfera de sus colegas más inmediatos, entre los que desearían descollar de idéntica manera. Es un accidente inevitable de toda culminación, aunque en algunas profesiones es más célebre; los hombres de letras no se quedan atrás, pero los cómicos y las rameras tendrían el privilegio, si no existiesen los médicos. La envidia medicorum es memorable desde la

Antigüedad: la conoció Hipócrates. El arte la ha descrito con frecuencia, para deleite de los enfermos sobrevivientes a las drogas.

El motivo de la envidia se confunde con el de la admiración, siendo ambas, dos aspectos de un mismo fenómeno. Solo que la admiración nace en el fuerte y la envidia en el subalterno. Envidiar es una forma aberrante de rendir homenaje a la superioridad. El gemido que la insuficiencia arranca a la vanidad es una forma especial de alabanza.

Toda culminación es envidiada. En la mujer la belleza. El talento y la fortuna en el hombre. En ambos la fama y la gloria, cualquiera que sea su forma.

La envidia femenina suele ser afiligranada y perversa; la mujer da su arañazo con uña afilada y lustrosa, muerde con dientecillos orificados, estruja con dedos pálidos y finos. Toda maledicencia le parece escasa para traducir su despecho; en ella debió pensar Apeles cuando representó a la Envidia guiando con mano felina a la Calumnia.

La que ha nacido bella —y la Belleza para ser completa requiere, entre otros dones, la gracia, la pasión y la inteligencia— tiene asegurado el culto de la envidia. Sus más nobles superioridades serán adoradas por las envidiosas; en ellas clavarán sus incisivos, como sobre una lima, sin advertir que la pasión las convierte en vestales. Mil lenguas viperinas le quemarán el incienso de sus críticas; las miradas oblicuas de las sufrientes fusilarán su belleza por la espalda; las almas tristes le elevarán sus plegarias en forma de calumnias, torvas como el remordimiento que las atosiga, pero no las detiene.

Quien haya leído la séptima metamorfosis, en el libro segundo de Ovidio, no olvidará jamás que a instancia de Minerva, fue Aglaura transfigurada en roca, castigando así su envidia de Hersea, la amada de Mercurio. Allí está escrita la más perfecta alegoría de la envidia devorando víboras para alimentar sus furores, como no la perfiló ningún otro poeta de la era pagana.

El hombre vulgar envidia las fortunas y las posiciones burocráticas. Cree que ser adinerado y funcionario es el supremo ideal de los demás, partiendo de que lo es suyo. El dinero permite al mediocre satisfacer sus vanidades más inmediatas; el destino burocrático le asigna un sitio en el escalafón del Estado y le prepara ulteriores jubilaciones. De ahí que el proletario envidie al burgués, sin renunciar a sustituirlo; por eso mismo la escala del presupuesto es una jerarquía de envidias, perfectamente graduadas por las cifras de las prebendas.

El talento —en todas sus formas intelectuales y morales: como dignidad, como carácter, como energía— es el tesoro más envidiado entre los hombres. Hay en el doméstico un sórdido afán de nivelarlo todo, un obtuso horror a la individualización excesiva; perdona al portador de cualquier sombra moral, perdona la cobardía, el servilismo, la mentira, la hipocresía, la esterilidad, pero no perdona al que sale de las filas dando un paso adelante. Basta que el talento permita descollar en las ciencias, en las artes o en el amor, para que los mediocres se estremezcan de envidia. Así se forma en torno de cada astro una nebulosa grande o pequeña, camarilla de maldicientes o legión de difamadores: los envidiosos necesitan aunar esfuerzos contra su ídolo, de igual manera que para afear una belleza venusina aparecen por millares las pústulas de la viruela.

La dicha de los fecundos martiriza a los eunucos vertiendo en su corazón gotas de hiel que los amargan por toda la existencia; este dolor es la gloria involuntaria de los otros, la sanción más indestructible de su talento en la acción o el pensar. Las palabras y las muecas del envidioso se pierden en la ciénaga donde se arrastra, como silbidos de reptiles que saludan el vuelo sereno del águila que pasa en la altura. Sin oírlos.

III. Los roedores de la gloria

Todo el que se siente capaz de crearse un destino con su talento y con su esfuerzo está inclinado a admirar el esfuerzo y el talento en los demás; el deseo de la propia gloria no puede sentirse cohibido por el legítimo encumbramiento ajeno. El que tiene méritos, sabe lo que le cuestan y los respeta; estima en los otros lo que desearía se le estimara a él mismo. El mediocre ignora esta admiración abierta: muchas veces se resigna a aceptar el triunfo que desborda las restricciones de su envidia. Pero aceptar no es amar. Resignarse no es admirar.

Los espíritus alicortos son malévolos; los grandes ingenios son admirativos. Éstos saben que los dones naturales no se transmutan en talento o en genio sin un esfuerzo, que es la medida de su mérito. Saben que cada paso hacia la gloria ha costado trabajos y vigilias, meditaciones hondas, tanteos sin fin, consagración tenaz, a ese pintor, a ese poeta, a ese filósofo, a ese sabio; y comprenden que ellos han consumido acaso su organismo, envejeciendo prematuramente: y la biografía de los grandes hombres les enseña que muchos renunciaron al reposo o al pan, sacrificando el uno y el otro a ganar tiempo para meditar o a comprar un libro para iluminar sus meditaciones. Esa conciencia de lo que el mérito importa, lo hace respetar. El envidioso, que lo ignora, ve el resultado a que otros llegan y él no, sin sospechar de cuántas espinas está sembrado el camino de la gloria.

Todo escritor mediocre es candidato a criticastro. La incapacidad de crear le empuja a destruir. Su falta de inspiración le induce a rumiar el talento ajeno, empañándolo con especiosidades que denuncian su irreparable ultimidad.

Los altos ingenios son ecuánimes para criticar a sus iguales, como si reconocieran en ellos una consanguinidad en línea directa; en el émulo no ven nunca un rival. Los grandes críticos son óptimos autores que escriben sobre temas propuestos por otros, como los versificadores con pie forzado; la obra ajena es una ocasión para exhibir las ideas propias. El verdadero crítico enriquece las obras que estudia y en todo lo que toca deja un rastro de su personalidad.

Los criticastros son, de instinto, enemigos de la obra: desean achicarla por la simple razón de que ellos no la han escrito. Ni sabrían escribirla cuando el criticado les contestara: hazla mejor. Tienen la manos trabadas por la cinta métrica; su afán de medir a los demás responde al sueño de rebajarlos hasta su propia medida. Son, por definición, prestamistas, parásitos, viven de lo ajeno, pues se limitan a barajar con mano aviesa lo mismo que han aprendido en el libro que desacreditan. Cuando un gran escritor es erudito se lo reprochan como una falta de originalidad; si no lo es, se apresuran a culparlo de ignorancia. Si emplea un razonamiento que usaron otros, le llaman plagiario, aunque señale las fuentes de su sabiduría; si omite señalarlas, por harto vulgares, lo acusan de improbidad. En todo encuentran motivo para maldecir y envidiar, revelando su interna angustia. Lo que les hace sufrir, en suma, es que otros sean admirados y ellos no.

El criticastro mediocre es incapaz de enhilar tres ideas fuera del hilo que la rutina le enhebra; su oronda ignorancia le obliga a confundir el mármol con la chiscarra y la voz con el falsete, inclinándose a suponer que todo escritor original es un heresiarca. Los palurdos darían lo que no tienen por saber escribir un poquito, como para incorporarse a la crítica profesional. Es el sueño de los que no pueden crear. Permite una maledicencia medrosa y que no compromete, hecha de mendacidad prudente, restringiendo las perversidades para que resulten más agudas, sacando aquí una migaja y dando allí un arañazo, velando todo lo que puede ser objeto de admiración, rebajando siempre con la oculta esperanza de que puedan aparecer a un mismo nivel los críticos y los criticados. El escritor original sabe que atormenta a los mediocres, aguijoneándoles esa pasión que los enferma ante el brillo ajeno; la desesperación de los fracasados es el laurel que mejor premia su luminosa labor. A la gloria de un Homero llega siempre apareada la ridiculez de un Zoilo.

Fermentan en cada género de actividad intelectual, como plagas pediculares de la originalidad: no perdonan al que incuba en su cerebro esa larva sediciosa. Viven para mancillarlo, sueñan su exterminio, conspiran con una intemperancia de terroristas y esgrimen sórdidas calumnias que harían sonrojar a un paquidermo. Ven un peligro en cada acto y una amenaza en cada gesto; tiemblan pensando que existen hombres capaces de subvertir rutinas y prejuicios, de encender nuevos planetas en el cielo, de arrancar su fuerza a los rayos y a las cataratas, de infiltrar nuevos ideales a las razas envejecidas, de suprimir la distancia, de violar la gravedad, de estremecer a los gobiernos...

Cuando se eleva un astro, ellos asoman por todos los puntos cardinales para entonar el coro involuntario de su difamación. Aparecen por docenas, por millares, como liliputienses en torno de un gigante. Los contrabajistas de arrabal oprobiarán la gloria de los supremos sinfonistas. Gacetilleros anodinos, consumarán biografías sobre algún lejano pensador que los ignora. Muchos que en vano han intentado acertar una mancha de color, dejarán caer su chorro de prosa como si un robinete de pus se abriera sobre telas que vivirán en los siglos. Cualquier promiscuador de palabras enfestará contra el que escriba pensamientos duraderos. Las mujeres feas demostrarán que la belleza es repulsiva y las viejas sostendrán que la juventud es insensata; vengarán su desgracia en el amor diciendo que la castidad es suprema entre todas las virtudes, cuando ya en vano se harían viltroteras para ofrecer la propia a los transeúntes. Y los demás, todos en coro, repetirán que el genio, la santidad y el heroísmo son aberraciones, locuras, epilepsia, degeneración negarán la excelencia del ingenio, la virtud y la dignidad; pondrán esos valores por debajo de su propia penumbra, sin advertir que donde el genio se resobra el mediocre no llega. Si a éste le dieran a elegir entre Shakespeare o Sarcey, no vacilaría un minuto: murmuraría del primero con la firma del segundo.

Los espíritus rutinarios son rebeldes a la admiración: no reconocen el fuego de los astros porque nunca han tenido en sí una chispa. Jamás se entregan de buena fe a los ideales o a las pasiones que le toman del corazón; prefieren oponerles mil razonamientos para privarse del placer de admirarlos. Confundirán siempre lo equívoco y lo cristalino, rebajando todo ideal hasta las bajas intenciones que supuran en sus cerebros. Desmenuzarán todo lo bello, olvidando que el trigo molido en harina no puede ya germinar en áureas espigas, frente al Sol. «Es un gran signo de mediocridad —dijo Leibniz— elogiar siempre moderadamente.»

Pascal decía que los espíritus vulgares no encuentran diferencias entre los hombres: se descubren más tipos originales a medida que se posee mayor ingenio. El criticastro es parvificente; admira un poco todas las cosas, pero nada le merece una admiración decidida. El que no admira lo mejor, no puede mejorar. El que ve los defectos y no las bellezas, las culpas y no los méritos, las discordancias y no las armonías, muere en un bajo nivel donde vegeta con la ilusión de ser un crítico. Los que no saben admirar no tienen porvenir, están inhabilitados para ascender hacia una perfección ideal. Es una cobardía aplacar la admiración; hay que cultivarla como un fuego sagrado, evitando que la envidia la cubra con su pátina ignominiosa.

La maledicencia escrita es inofensiva. El tiempo es un sepulturero ecuánime: entierra en una misma fosa a los criticastros y a los malos autores. Mientras los envidiosos murmuran, el genio crece; a la larga aquéllos quedan oprimidos y éste siente deseos de compadecerlos, para impedir que sigan muriendo a fuego lento.

El verdadero castigo de estos parásitos está en la muda sonrisa de los pensadores. El que critica a un alto espíritu tiende la mano esperando una limosna de celebridad; basta ignorarle y dejarle con la mano tendida, negándole la notoriedad que le conferiría la réplica. El silencio del autor mata al postulante; su indiferencia lo asfixia. Algunas veces supone que le han tomado en cuenta y que se advierte su presencia: sueña que le han nombrado, aludido, refutado, injuriado. Pero todo es un simple sueño; debe resignarse a envidiar desde la penumbra, de donde no consigue que le saquen. El que tiene conciencia de su mérito, no se presta a inflar la vanidad del primer indigente que le sale al paso pretendiendo distraerle, obligándole a perder su tiempo; elige sus adversarios entre sus iguales, entre sus condignos. Los hombres superiores pueden inmortalizar con una palabra a sus lacayos o a sus sicarios. Hay que evitar esa palabra; de algunos criticastros solo tenemos noticias porque algún genio los honró con su puntapié.

IV. Una escena dantesca: su castigo

El castigo de los envidiosos estaría en cubrirlos de favores, para hacerles sentir que su envidia es recibida como un homenaje y no como un estiletazo. Es más generoso, más humanitario. Los bienes que el envidioso recibe constituyen su más desesperante humillación; si no es posible agasajarle, es necesario ignorarle. Ningún enfermo es responsable de su dolencia, no podríamos prohibirle que emitiera acentos quejumbrosos; la envidia es una enfermedad y nada hay más respetable que el derecho de lamentarse cuando se padecen congestiones de la vanidad.

El envidioso es la única víctima de su propio veneno; la envidia le devora como el cáncer a la víscera; le ahoga como la hiedra a la encina. Por eso Poussin, en una tela admirable, pintó a este monstruo mordiéndose los brazos y sacudiendo la cabellera de serpientes que le amenazan sin cesar.

Dante consideró a los envidiosos indignos del infierno. En la sabia distribución de penas y castigos los recluyó en el purgatorio, lo que se aviene a su condición mediocre.

Yacen acoquinados en un círculo de piedra cenicienta, sentados junto a un paredón lívido como sus caras llorosas, cubiertos por cilicios, formando panorama de cementerio viviente. El Sol les niega su luz; tienen los ojos cosidos con alambres, porque nunca pudieron ver el bien del prójimo. Habla por ellos la noble Sapía, desterrada por sus conciudadanos; fue tal su envidia que sintió loco regocijo cuando ellos fueron derrotados por los florentinos. Y hablan otros, con voces trágicas, mientras lejanos fragores de truenos recuerdan la palabra que Caín pronunció después de matar a

Abel. Porque el primer asesino de la leyenda bíblica tenía que ser un envidioso.

Llevan todos el castigo en su culpa. El espartano Antístenes, al saber que le envidiaban, contestó con acierto: peor para ellos, tendrán que sufrir el doble tormento de sus males y de mis bienes. Los únicos gananciosos son los envidiados; es grato sentirse adorar de rodillas.

La mayor satisfacción del hombre excelente está en provocar la envidia, estimulándola con los propios méritos, acosándola cada día con mayores virtudes, para tener la dicha de escuchar sus plegarias. No ser envidiado es una garantía inequívoca de mediocridad.

Capítulo VI. La vejez niveladora

I. Las canas

Encanecer es una cosa muy triste; las canas son un mensaje de la Naturaleza que nos advierte la proximidad del crepúsculo. Y no hay remedio. Arrancarse la primera ¿quién no lo hace? es como quitar el badajo a la campana que toca el Ángelus, pretendiendo con ello prolongar el día.

Las canas visibles corresponden a otras más graves que no vemos: el cerebro y el corazón, todo el espíritu y toda la ternura, encanecen al mismo tiempo que la cabellera. El alma de fuego bajo la ceniza de los años es una metáfora literaria, desgraciadamente incierta. La ceniza ahoga a la llama y protege a la brasa. El ingenio es la llama; la brasa es la mediocridad.

Las verdades generales no son irrespetuosas; dejan entreabierta una rendija por donde escapan las excepciones particulares. ¿Por qué no decir la conclusión desconsoladora? Ser viejo es ser mediocre, con rara excepción. La máxima desdicha de un hombre superior es sobrevivirse a sí mismo, nivelándose con los demás. ¡Cuántos se suicidarían si pudieran advertir ese pasaje terrible del hombre que piensa al hombre que vegeta, del que empuja al que es arrastrado, del que ara surcos nuevos al que se esclaviza en las huellas de la rutina! Vejez y mediocridad suelen ser desdichas paralelas.

El «genio y figura hasta la sepultura», es una excepción muy rara en los hombres de ingenio excelentes, si son longevos: suele confirmarse cuando mueren a tiempo, anotes de que la fatal opacidad crepuscular empañe los resplandores del espíritu. En general, si mueren tarde, una pausada neblina comienza a velar su mente con los achaques de la vejez; si la muerte se empeña en no venir, los genios tórnanse extraños a sí mismos, supervivencia que los lleva hasta no comprender su propia obra. Les sucede como a un astrónomo que perdiera su telescopio y acabara por dudar de sus anteriores descubrimientos, al verse imposibilitado para confirmarlos a simple vista.

La decadencia del hombre que envejece está representada por una regresión sistemática de la intelectualidad. Al principio, la vejez mediocriza a todo hombre superior; más tarde, la decrepitud inferioriza al viejo ya mediocre.

Tal afirmación es un simple corolario de verdades biológicas. La personalidad humana es una formación continua, no una entidad fija; se organiza y se desorganiza, evoluciona e involuciona, crece y se amengua, se intensifica y se agota. Hay un momento en que alcanza su máxima plenitud; después de esa época es incapaz de acrecentarse y pronto suelen advertirse los síntomas iniciales del descenso, los parpadeos de la llama interior que se apaga.

Cuando el cuerpo se niega a servir todas nuestras intenciones y deseos, o cuando éstos son medidos en previsión de fracasos posibles, podemos afirmar que ha comenzado la vejez. Detenerse a meditar una intención noble, es matarla; el hielo invade traidoramente el corazón y la personalidad más libre se amansa y domestica. La rutina es el estigma mental de la vejez; el ahorro es su estigma social. El hombre envejece cuando el cálculo utilitario reemplaza a la alegría juvenil. Quien se pone a mirar si lo que tiene le bastará para todo su porvenir posible, ya no es joven; cuando opina que es preferible tener de más a tener de menos, está viejo; cuando su afán de poseer excede su posibilidad de vivir, ya está moralmente decrépito. La avaricia es una exaltación de los sentimientos egoístas propios de la vejez. Muchos siglos antes de estudiarla los psicólogos modernos, el propio Cicerón escribió palabras definitivas: «Nunca he oído decir que un viejo haya olvidado el sitio en que había ocultado su tesoro» (*De Senectute*, c. 7.). Y debe ser verdad, si tal dijo quien se propuso defender los fueros y encantos de la vejez.

Las canas son avaras y la avaricia es un árbol estéril: la humanidad perecería si tuviese que alimentarse de sus frutos. La moral burguesa del ahorro ha envilecido a generaciones y pueblos enteros; hay graves peligros en predicarla, pues, como enseñó Maquiavelo, «más daña a los pueblos la avaricia de sus ciudadanos que la rapacidad de sus enemigos».

Esa pasión de coleccionar bienes que no se disfrutan se acrecienta con los años, al revés de las otras. El que es maniestrecho en la juventud llega hasta asesinar por dinero en la vejez. La avaricia seca el corazón, lo cierra a la fe, al amor, a la esperanza, al ideal. Si un avaro poseyera el Sol, dejaría el universo a oscuras para evitar que su tesoro se gastase. Además de aferrarse a lo que tiene, el avaro se desespera por tener más, sin límite; es más miserable cuanto más tiene: para soterrar talegas que no disfruta, renuncia a la dignidad o al bienestar; ese afán de perseguir lo que no gozará nunca constituye la más siniestra de las miserias.

La avaricia como pasión envilecedora, iguala a la envidia. Es la pústula moral de los corazones envejecidos.

II. Etapas de decadencia
La personalidad individual se constituye por sobreposiciones sucesivas de la experiencia. Se ha señalado una «estratifica-

ción» del carácter; la palabra es exacta y merece conservarse para ulteriores desenvolvimientos.

En sus capas primitivas y fundamentales yacen las inclinaciones recibidas hereditariamente de los antepasados: la «mentalidad de la especie». En las capas medianas encuéntranse las sugestiones educativas de la sociedad: la «mentalidad social». En las capas superiores florecen las variaciones y perfeccionamientos recientes de cada uno, los rasgos personales que no son patrimonio colectivo: la «mentalidad individual».

Así como en las formaciones geológicas las sedimentaciones más profundas contienen los fósiles más antiguos, las primitivas bases de la personalidad individual guardan celosamente el capital común a la especie y a la sociedad. Cuando los estratos recientemente constituidos van desapareciendo por obra de la vejez, el psicólogo descubre, poco a poco, la mentalidad del mediocre, del niño y del salvaje, cuyas vulgaridades, simplezas y atavismos reaparecen a medida que las canas van reemplazando a los cabellos.

Inferior, mediocre o superior, todo hombre adulto atraviesa un período estacionario, durante el cual perfecciona sus aptitudes adquiridas, pero no adquiere otras nuevas. Más tarde la inteligencia entra en su ocaso.

Las funciones del organismo empiezan a decaer a cierta edad. Esas declinaciones corresponden a inevitables procesos de regresión orgánica. Las funciones mentales, lo mismo que las otras, decaen cuando comienzan a enmohecerse los engranajes celulares de nuestros centros nerviosos.

Es evidente que el individuo ignora su propio crepúsculo; ningún viejo admite que su inteligencia haya disminuido. El que esto escribe hoy, creerá, probablemente, lo contrario cuando tenga más de sesenta años. Pero objetivamente considerado, el hecho es indiscutible, aunque podrá haber discrepancia para señalar límites generales a la edad en que la vejez desvencija nuestros resortes. Se comprende que para esta función, como para todas las demás del organismo, la edad de envejecer difiere de individuo a individuo; los sistemas orgánicos en que se inicia la involución son distintos en cada uno. Hay quien envejece antes por sus órganos digestivos, circulatorios o psíquicos; y hay quien conserva íntegras algunas de sus funciones hasta más allá de los límites comunes. La longevidad mental es un accidente; no es la regla.

La vejez inequívoca es la que pone más arrugas en el espíritu que en la frente. La juventud no es simple cuestión de estado civil y puede sobrevivir a alguna cana: es un don de vida intensa, expresiva y optimista. Muchos adolescentes no lo tienen y algunos viejos desbordan de él. Hay hombres que nunca han sido jóvenes; en sus corazones, prematuramente agostados, no encontraron calor las opiniones extremas ni aliento las exageraciones románticas. En ellos, la única precocidad es la vejez. Hay, en cambio, espíritus de excepción que guardan, algunas originalidades hasta sus años últimos, envejecidos tardíamente. Pero, en unos antes y en otros después, despacio o deprisa, el tiempo consuma su obra y transforma nuestras ideas, sentimientos, pasiones, energías.

El proceso de involución intelectual sigue el mismo curso que el de su organización, pero invertido. Primero desaparece la «mentalidad individual», más tarde la «mentalidad social», y, por último, la «mentalidad de la especie».

La vejez comienza por hacer de todo individuo un hombre mediocre. La mengua mental puede, sin embargo, no detenerse allí. Los engranajes celulares del cerebro siguen enmoheciéndose, la actividad de las asociaciones neuronales se atenúa cada vez más y la obra destructora de la decrepitud es más profunda. Los achaques siguen desmantelando sucesivamente las capas del carácter, desapareciendo una tras otra sus adquisiciones secundarias, las que reflejan la experiencia social. El anciano se inferioriza, es decir, vuelve poco a poco a su primitiva mentalidad infantil, conservando las adquisiciones más antiguas de su personalidad, que son, por ende, las mejor consolidadas. Es notorio que la infancia y la senectud se tocan; todos los idiomas consagran esta observación en refranes harto conocidos. Ello explica las profundas transformaciones psíquicas de los viejos: el cambio total de sus sentimientos (especialmente los sociales y altruistas), la pereza progresiva para acometer empresas nuevas (con discreta conservación de los hábitos consolidados por antiguos automatismos) y la duda o la apostasía de las ideas más personales (para volver primero a las ideas comunes en su medio y luego a las profesadas en la infancia o por los antepasados).

La mejor prueba de ello —que los ignorantes suelen dictar contra la ciencia— la encontramos en los hombres de más elevada mentalidad y de cultura mejor disciplinada; es frecuente en ellos, al entrar en la ancianidad, un cambio radical de opiniones acerca de los más altos problemas filosóficos, a medida que decaen las aptitudes originariamente definidas durante la edad viril.

III. La bancarrota de los ingenios

Este cuadro no es exagerado ni esquemático. La marcha progresiva del proceso impide advertir esa evolución en las personas que nos rodean; es como si una claridad se apagara tan de a poco que pudiera llegarse a la oscuridad absoluta sin advertir en momento alguno la transición.

A la natural lentitud del fenómeno agréganse las diferencias que él reviste en cada individuo. Los que solo habían logrado adquirir un reflejo de la mentalidad social, poco tienen que perder en esta inevitable bancarrota: es el empobrecimiento de un pobre. Y cuando, en plena senectud, su mentalidad social se reduce a la mentalidad de la especie, inferiorizándose, a nadie sorprende ese pasaje de la pobreza a la miseria.

En el hombre superior, en el talento o en el genio, se notan claramente esos estragos. ¿Cómo no llamaría nuestra atención un antiguo millonario que paseara a nuestro lado sus postreros andrajos? El hombre superior deja de serlo, se nivela. Sus ideas propias, organizadas en el período del perfeccionamiento, tienden a ser reemplazadas por ideas comunes o inferiores. El genio entiéndase bien nunca es tardío, aunque pueda revelarse tardíamente su fruto; las obras pensadas en la juventud y escritas en la madurez, pueden no mostrar decadencia, pero siempre la revelan las obras pensadas en la vejez misma. Leemos la segunda parte del *Fausto* por respeto al autor de la primera; no podemos salir de ello sin recordar que «nunca segundas partes fueron buenas», adagio inapelable si la primera fue obra de juventud y la segunda es fruto de la vejez.

Se ha señalado en Kant un ejemplo acabado de esta metamorfosis psicológica. El joven Kant, verdaderamente «crítico», había llegado a la convicción de que los tres grandes baluartes del misticismo: Dios, libertad e inmortalidad del alma, eran insostenibles ante la razón pura; el Kant envejecido, «dogmático», encontró, en cambio, que esos tres fantasmas son postulados de la «razón práctica», y, por lo tanto, indispensables. Cuanto más se predica la vuelta de Kant, en el contemporáneo arreciar neokantista, tanto más ruidosa e irreparable preséntase la contradicción entre el joven y el viejo Kant. El mismo Spencer, monista como el que más, acabó por entreabrir una puerta al dualismo con su «incognoscible». Virchow creó en plena juventud la patología celular, sin sospechar que terminaría renegando sus ideas de naturalista filósofo. Lo mismo que él decayeron otros.

Para citar tan solo a muertos de ayer, hase visto a Lombroso caer en sus últimos años en ingenuidades infantiles explicables por su debilitamiento mental, a punto de llorar conversando con el alma de su madre en un trípode espiritista. James, que en su juventud fue portavoz de la psicología evolucionista y biológica, acabó por enmarañarse en especulaciones morales que solo él comprendió. Y, por fin, Tolstói, cuya juventud fue pródiga de admirables novelas y escritos, que le hicieron clasificar como escritor anarquista, en los últimos años escribió artículos adocenados que no firmaría un gacetillero vulgar, para extinguirse en una peregrinación mística que puso en ridículo las horas últimas de su vida física. La mental había terminado mucho antes.

IV. Psicología de la vejez

La sensibilidad se atenúa en los viejos y se embotan sus vías de comunicación con el mundo que les rodea; los tejidos se endurecen y tórnanse menos sensibles al dolor físico. El viejo tiende a la inercia, busca el menor esfuerzo; así como la pereza es una vejez anticipada, la vejez es una pereza que llega fatalmente en cierta hora de la vida. Su característica es una atrofia de los elementos nobles del organismo, con desarrollo de los inferiores; una parte de los capilares se obstruye y amengua el aflujo sanguíneo a los tejidos; el peso y el volumen del sistema nervioso central se reducen, como el de todos los tejidos propiamente vitales; la musculatura fláccida impide mantener el cuerpo erecto; los movimientos pierden su agilidad y su precisión. En el cerebro disminuyen las permutas nutritivas, se alteran las transformaciones químicas y el tejido conjuntivo prolifera, haciendo degenerar las células más nobles. Roto el equilibrio de los órganos, no puede subsistir el equilibrio de las funciones: la disolución de la vida intelectual y afectiva sigue ese curso fatal perfectamente estudiado por Ribot en el capítulo final de su psicología de los sentimientos.

A medida que envejece, tórnase el hombre infantil, tanto por su ineptitud creadora como por su achicamiento moral. Al período expansivo sucede el de concentración; la incapacidad para el asalto perfecciona la defensa. La insensibilidad física se acompaña de analgesia moral; en vez de participar del dolor ajeno, el viejo acaba por no sentir ni el propio; la ansiedad de prolongar su vida parece advertirle que una fuerte emoción puede gastar energía, y se endurece contra el dolor como la tortuga se retrae debajo de su caparazón cuando presiente un peligro. Así llega a sentir un odio oculto por todas las fuerzas vivas que crecen y avanzan, un sordo rencor contra todas las primaveras.

La psicología de la vejez denuncia ideas obsesivas absorbentes. Todo viejo cree que los jóvenes le desprecian y desean su muerte para suplantarle. Traduce tal manía por hostilidad a la juventud, considerándola muy inferior a la de su tiempo, juicio que extiende a las nuevas costumbres cuando ya no puede adaptarse a ellas. Aun en la cosas pequeñas exige la parte más grande, contrariando toda iniciativa, desdeñando las corazonadas y escarneciendo los ideales, sin recordar que en otro tiempo pensó, sintió e hizo todo lo que ahora considera comprometedor y detestable.

Esa es la verdadera psicología del hombre que envejece. La edad atenúa o anula el celo, el ardor, la aptitud para crear, descubrir o simplemente saborear el arte, para tener la curiosidad despierta. Omito las rarísimas excepciones que exigirían, cada una, un examen particular. Para la mayoría de los hombres, el debilitamiento vital suprime de seguida el gusto de esas cosas superfluas. Señalemos, también, con la vejez, la hostilidad decidida contra las innovaciones: nuevas formas artísticas, nuevos descubrimientos, nuevas maneras de plantear o tratar problemas científicos. El hecho es tan notorio, que no exige pruebas. Ordinariamente, en estética sobre todo, cada generación reniega a la que le sigue. La explicación común de ese misoneísmo, es la existencia de hábitos intelectuales ya organizados, que serían conmovidos por un contraste violento, si aún existiera una capacidad de emoción o de pasión. Esto último es lo que falta en los viejos, por la modorra de su vida afectiva. Agrega Ribot que a esa disolución de los sentimientos superiores sigue la de todos los sentimientos altruistas y la de los egoaltruistas, perdurando hasta el fin los egoístas, cada vez más aislados y predominantes en la personalidad del viejo. Ellos mismos naufragan en la ulterior senilidad.

Los diversos elementos del carácter disuélvense en orden inverso al de su formación. Los que se han adquirido al fin son menos activos, dejan surcos poco persistentes, son adventicios, incoordinados. Esto revélase en la regresión de la memoria senil; los fantasmas de las primeras impresiones juveniles siguen rodando en la mente, cuando ya han desaparecido los recuerdos más cercanos, los del día anterior. La falta de plasticidad hace que los nuevos procesos psíquicos no dejen rastros, o muy débiles, mientras los antiguos se han grabado hondamente en materia más sensible y solo se borran con la destrucción de los órganos.

Con el crecimiento de las neuronas en el hombre joven, y su poder de crear nuevas asociaciones, explicaría Cajal la capacidad de adaptación del hombre y su aptitud para cambiar sus sistemas ideológicos; la detención de esas funciones en los ancianos, o en los adultos de cerebro atrofiado por la falta de ilustración u otra causa, permite comprender las convicciones inmutables, la inadaptación al medio moral y las aberraciones misoneístas. Se concibe, igualmente, que la falta de asociación de ideas, la torpeza intelectual, la imbecilidad, la demencia, puedan producirse cuando por causas más o menos mórbidas la articulación entre los neurones llega a ser floja, es decir, cuando se debilitan y se dejan de estar en contacto, o cuando la memoria se desorganiza parcialmente. Para formular esta hipótesis, Cajal ha tenido en cuenta la conservación mayor de las memorias juveniles; las vías de asociación creadas hace mucho tiempo y ejercitadas durante algunos años, han adquirido indudablemente una fuerza mayor por haber sido organizadas en la época en que el cerebro poseía su más alto grado de plasticidad.

Sin conocer esos datos modernos, observó Lucrecio (III, 452) que la ciencia y la experiencia pueden crecer andando la vida, pero la vivacidad, la prontitud, la firmeza, y otras loables cualidades se marchitan y languidecen al sobrevenir la vejez:

Ubi jam validis quassatum est viribus aebi corpus, et abtusis cecciderunt viribus artus, claudicat ingenium, delirat linguaque mensque.[8]

Montaigne, viejo, estimaba que a los veinte años cada individuo ha anunciado lo que de él puede esperarse y afirmó que ningún alma oscura —hasta esa edad se ha vuelto luminosa después—: «Si l'epine no pique pas en naissant, a peine piquerat-t-elle jamais»,[9] agrega que casi todas las grandes acciones de la historia han sido realizadas antes de los treinta años (*Essais*, libr. 1, cap. LVII).

A distancia de siglos un espíritu absolutamente diverso llega a las mismas conclusiones. «El descubrimiento del segundo principio de la energética moderna fue hecho por un joven: Carnot tenía veintiocho años al publicar su memoria. Meyer, Joule y Helmotz tenían veinticinco, veintiséis y veinticinco, respectivamente; ninguno de estos grandes innovadores había llegado a los treinta años cuando se dio a conocer. Las épocas en que sus trabajos aparecieron no representan el momento en que fueron concebidos; hubieron de pasar algunos años antes de que tuviesen desarrollo suficiente para ser expuestos y de que ellos encontraran medios de publicarlos. Asombra la juventud de estos maestros de la ciencia; estamos acostumbrados a considerar que ésta es privilegio de una edad avanzada, y nos parece que todos ellos han faltado al respeto a sus mayores, permitiéndoles abrir nuevos caminos a la verdad. Se dirá que la solución de esos problemas por verdaderos muchachos fue una singular y excepcional casualidad; fácil es comprobar que ocurre lo mismo en todos los

8   Cuando el esfuerzo poderoso de los años ha encorvado los cuerpos y gastado los resortes de una máquina agotada, el juicio vacila, el espíritu se oscurece y la lengua tartamudea. (N. del E.)

9   Si la espina no pica naciendo, apenas picará ella jamás. (N. del E.)

dominios de la ciencia: la gran mayoría de los trabajos que señalaron horizontes nuevos fueron la obra de jóvenes que acababan de transponer los veinte años. No es éste el sitio para buscar las causas y consecuencias de ese hecho pero es útil recordarlo, pues aunque señalado más de una vez, está muy lejos de ser reconocido por los que se dedican a educar la juventud. Los trabajos de hombres jóvenes son de carácter principalmente innovador; el mecanismo de la instrucción pública no debe ser obstáculo a ellos..., permitiéndoles desde temprano desarrollar libremente sus aptitudes en los institutos superiores, en vez de agotar prematuramente, como ocurre ahora, un gran número de talentos científicos originales.» Y para que sus conclusiones no parezcan improvisadas, W. Ostwald las ha desenvuelto en su último libro sobre los grandes hombres, donde el problema del genio juvenil está analizado con criterio experimental.

Por eso las academias suelen ser cementerios donde se glorifica a los hombres que ya han dejado de existir para su ciencia o para su arte. Es natural que a ellas lleguen los muertos o los agonizantes; dar entrada a un joven significaría enterrar a un vivo.

V. La virtud de la impotencia

Será verdad lo que se afirma desde Lucrecio y Montaigne hasta Ribot y Ostwald; pero los viejos no renunciarán a sus protestas contra los jóvenes, ni éstos acatarán en silencio la hegemonía de las canas.

Los viejos olvidan que fueron jóvenes y éstos parecen ignorar que serán viejos: el camino a recorrer es siempre el mismo, de la originalidad a la mediocridad, y de ésta a la inferioridad mental.

¿Cómo sorprendernos, entonces, de que los jóvenes revolucionarios terminen siendo viejos conservadores? ¿Y qué de extraño es la conversión religiosa de los ateos llegados a la vejez? ¿Cómo podría el hombre activo y emprendedor a los treinta años, no ser apático y prudente a los ochenta? ¿Cómo asombrarnos de que la vejez nos haga avaros, misántropos, regañones, cuando nos va entorpeciendo paulatinamente los sentidos y la inteligencia, como si una mano misteriosa fuera cerrando una por una todas las ventanas entreabiertas frente a la realidad que nos rodea?

La ley es dura, pero es ley. Nacer y morir son los términos inviolables de la vida; ella nos dice con voz firme que lo anormal no es nacer ni morir en la plenitud de nuestras funciones. Nacemos para crecer; envejecemos para morir. Todo lo que la Naturaleza nos ofrece para el crecimiento, nos lo substrae preparando la muerte.

Sin embargo, los viejos protestan de que no se les respete bastante, mientras los jóvenes se desesperan por lo excesivo de ese respeto. La historia es de todos los tiempos. Cicerón escribió su *De Senectute* con el mismo espíritu que hoy Faguet escribe ciertas páginas de su ensayo sobre *La Vieillese*. Aquél se quejaba de que los viejos eran poco respetados en el imperio; éste se queja de que lo sean menos en la democracia. Asombran las palabras de Faguet cuando afirma que los viejos no son escuchados, pretendiendo ver en ello la negación de una competencia más. Alega que en los pueblos primitivos, como hoy entre los salvajes, son los viejos los que gobiernan: la gerontocracia se explica allí, donde no hay más ciencia que la experiencia y los viejos lo saben todo, pues cualquier caso nuevo les resulta conocido por haber visto muchos similares. Dice Faguet que el libro puesto en manos de los jóvenes, es el enemigo de la experiencia que monopolizan los viejos. Y se desespera porque el viejo ha caído en ridículo, aunque comete la imprudencia de juzgarle con verdad: «convenons de bonne gráce qu'il préte à cela; il est entété, il est maniaque, il est verbeux, il est conteur, il est ennuyeux, il est grondeur, et son aspect est désagréable»:[10] ningún joven ha escrito una silueta más sintética que esa, incluida en su volumen sobre el culto de la incompetencia.

Faguet opina que el viejo está desterrado de las mediocracias contemporáneas. Grave error, que solo prueba su vejez.

Toda sociedad en decadencia es propicia a la mediocridad y enemiga de cualquier excelencia individual; por eso a los jóvenes originales se les cierra el acceso al Gobierno hasta que hayan perdido su arista propia, esperando que la vejez los nivele, rebajándolos hasta los modos de pensar y sentir que son comunes a su grupo social. Por eso las funciones directivas suelen ser patrimonio de la edad madura; la «opinión pública» de los pueblos, de las clases o de los partidos, suele encontrar en los hombres que fueron superiores y empiezan ya a decaer, el exponente natural de su mediocridad. En la juventud, son considerados peligrosos; solo en las épocas revolucionarias gobiernan los jóvenes; la Revolución Francesa fue ejecutada por ellos, lo mismo que la emancipación de ambas Américas. El progreso es obra de minorías ilustradas y atrevidas. Mientras el individuo superior piensa con su propia cabeza, no puede pensar con la cabeza de las mayorías conservadoras.

No hay, pues, la falta de respeto que, en sus vejeces respectivas, señalaron Platón, Aristóteles y Montesquieu, antes que Faguet. Afirmar que por el camino de la vejez se llega a la

---

10 Convengamos de buena fe que se presta a eso: es obstinado, es maniático, es verboso, es cuentista, es fastidioso, es regañón, y su aspecto es desagradable. (N. del E.)

mediocridad, es la aplicación simple de una ley general que rige todos los organismos vivos y los prepara a la muerte. ¿Por qué extrañarnos de esa decadencia mental si estamos acostumbrados a ver desteñirse las hojas y deshojarse los árboles cuando el otoño llega perseguido por el invierno?

Admiremos a los viejos por las superioridades que hayan poseído en la juventud. No incurramos en la simpleza de esperar una vejez santa, heroica o genial tras una juventud equívoca, mansa y opaca; la vejez no pone flores donde solo había malezas, antes bien, siega las excelencias con su hoz niveladora. Los viejos representativos que ascienden al gobierno y a las dignidades, después de haber pasado sus mejores años en la inercia o en orgías, en el tapete verde o entre rameras, en la expectativa apática o en la resignación humillada, sin una palabra vil y sin un gesto altivo, esquivando la lucha, temiendo a los adversarios y renunciando los peligros, no merecen la confianza de sus contemporáneos ni tienen derecho a catonizar. Sus palabras grandilocuentes parecen pronunciadas en falsete y mueven a risa. Los hombres de carácter elevado no hacen a la vida la injuria de malgastar su juventud, ni confían a la incertidumbre de las canas la iniciación de grandes empresas que solo pueden concebir las mentes frescas y realizar los brazos viriles.

La experiencia viril complica la tontería de los mediocres, pero puede convertirlos en genios; la madurez ablanda al perverso, lo torna inútil para el mal. El diablo no sabe más por viejo que por diablo. Si se arrepiente no es por santidad; sino por impotencia.

Capítulo VII. La mediocracia

I. El clima de la mediocridad

En raros momentos la pasión caldea la historia y los idealismos se exaltan: cuando las naciones se constituyen y cuando se renuevan. Primero es secreta ansia de libertad, lucha por la independencia más tarde, luego crisis de consolidación institucional, después vehemencia de expansión o pujanza de energías. Los genios pronuncian palabras definitivas; plasman los estadistas sus planes visionarios; ponen los héroes su corazón en la balanza del destino.

Es, empero, fatal que los pueblos tengan largas intercadencias de encebadamiento. La historia no conoce un solo caso en que altos ideales trabajen con ritmo continuo la evolución de una raza. Hay horas de palingenesia y las hay de apatía, con vigilias y sueños, días y noches, primaveras y otoños, en cuyo alternarse infinito se divide la continuidad del tiempo.

En ciertos períodos la nación se aduerme dentro del país. El organismo vegeta; el espíritu se amodorra. Los apetitos acosan a los ideales, tornándose dominadores y agresivos. No hay astros en el horizonte ni oriflamas en los campanarios. Ningún clamor de pueblo se percibe; no resuena el eco de grandes voces animadoras. Todos se apiñan en torno de los manteles oficiales para alcanzar alguna migaja de la merienda. Es el clima de la mediocridad. Los Estados tórnanse mediocracias, que los filólogos inexpresivos preferirían denominar «mesocracias».

Entra en la penumbra el culto por la verdad, el afán de admiración, la fe en creencias firmes, la exaltación de ideales, el desinterés, la abnegación, todo lo que está en el camino de la virtud y de la dignidad., En un mismo diapasón utilitario se templan todos los espíritus. Se habla por refranes, como discurría Panza; se cree por catecismos, como predicaba Tartufo; se vive de expedientes, como enseñó Gil Blas. Todo lo vulgar encuentra fervorosos adeptos en los que representan los intereses militantes; sus más encumbrados portavoces resultan esclavos en su clima. Son actores a quienes les está prohibido improvisar: de otro modo romperían el molde a que se ajustan las demás piezas del mosaico.

Platón, sin quererlo, al decir de la democracia: «es el peor de los buenos gobiernos, pero es el mejor entre los malos», definió la mediocracia. Han transcurrido siglos; la sentencia conserva su verdad. En la primera década del siglo XX se ha acentuado la decadencia moral de las clases gobernantes. En cada comarca, una facción de vividores detenta los engranajes del mecanismo oficial, excluyendo de su seno a cuantos desdeñan tener complicidad en sus empresas. Aquí son castas advenedizas, allí sindicatos industriales, acullá facciones de parlaembalde. Son gavillas y se titulan partidos. Intentan disfrazar con ideas su monopolio del Estado. Son bandoleros que buscan la encrucijada más impune para expoliar a la sociedad.

Políticos sin vergüenza hubo en todos los tiempos y bajo todos los regímenes; pero encuentran mejor clima en las burguesías sin ideales. Donde todos pueden hablar, callan los ilustrados; los enriquecidos prefieren escuchar a los más viles embaidores. Cuando el ignorante se cree igualado al estudioso, el bribón al apóstol, el boquirroto al elocuente y el burdégano al digno, la escala del mérito desaparece en una oprobiosa nivelación de villanía. Eso es la mediocracia: los que nada saben creen decir lo que piensan, aunque cada uno solo acierta a repetir dogmas o auspiciar voracidades. Esa chatura moral es más grave que la aclimatación de la tiranía; nadie puede volar donde todos se arrastran. Conviénese en llamar urbanidad a la hipocresía, distinción al amaneramiento, cultura a la timidez, tolerancia a la complicidad; la mentira proporciona estas denominaciones equívocas. Y los que así mienten son enemigos de sí mismos y de la patria, deshonrando en ella a sus padres y a sus hijos, carcomiendo la dignidad común.

En esos paréntesis de alcornocamiento aventúranse las mediocracias por senderos innobles. La obsesión de acumular tesoros materiales, o el torpe afán de usufructuarlos en la holganza, borra del espíritu colectivo todo rastro de ensueño. Los países dejan de ser patrias, cualquier ideal parece sospechoso. Los filósofos, los sabios y los artistas están de más; la pesadez de la atmósfera estorba a sus alas, y dejan de volar. Su presencia mortifica a los traficantes, a todos los que trabajan por lucro, a los esclavos del ahorro o de la avaricia. Las cosas del espíritu son despreciadas; no siéndole propicio el clima, sus cultores son contados; no llegan a inquietar a las mediocracias; están proscritos dentro del país, que mata a fuego lento sus ideales, sin necesitar desterrarlos. Cada hombre queda preso entre mil sombras que lo rodean y lo paralizan.

Siempre hay mediocres. Son perennes. Lo que varía es su prestigio y su influencia. En las épocas de exaltación renovadora muéstranse humildes, son tolerados; nadie los nota, no osan inmiscuirse en nada. Cuando se entibian los ideales y se reemplaza lo cualitativo por lo cuantitativo, se empieza a contar con ellos. Apercíbense entonces de su número, se mancornan en grupos, se arrebañan en partidos. Crece su influencia en la justa medida en que el clima se atempera; el sabio es igualado al analfabeto, el rebelde al lacayo, el poeta al prestamista. La mediocridad se condensa, conviértese en sistema, es incontrastable.

Encúmbranse gañanes, pues no florecen genios: las creaciones y las profecías son imposibles si no están en el alma de la época. La aspiración de lo mejor no es privilegio de todas las generaciones. Tras una que ha realizado un gran esfuerzo, arrastrada o conmovida por un genio, la siguiente descansa y se dedica a vivir de glorias pasadas, conmemorándose sin fe; las facciones dispútanse los manejos administrativos, compitiendo en manosear todos los ensueños. La mengua de éstos se disfraza con exceso de pompa y de palabras; acállase cualquier protesta dando participación en los festines; se proclaman las mejores intenciones y se practican bajezas abominables; se miente el arte; se miente la justicia; se miente el carácter. Todo se miente con la anuencia de todos; cada hombre pone precio a su complicidad, un precio razonable que oscila entre un empleo y una decoración.

Los gobernantes no crean tal estado de cosas y de espíritus: lo representan. Cuando las naciones dan en bajíos, alguna facción se apodera del engranaje constituido o reformado por hombres geniales. Florecen legisladores, pululan archivistas, cuéntanse los funcionarios por legiones: las leyes se multiplican, sin reforzar por ello su eficacia. Las ciencias conviértense en mecanismos oficiales, en institutos y academias donde jamás brota el genio y al talento mismo se le impide que brille: su presencia humillaría con la fuerza del contraste. Las artes tórnanse industrias patrocinadas por el Estado, reaccionario en sus gustos y adverso a toda previsión de nuevos ritmos o de nuevas formas; la imaginación de artistas y poetas parece aguzarse en descubrir las grietas del presupuesto y filtrarse por ellas. En tales épocas los astros no surgen. Huelgan: la sociedad no los necesita; bástale su cohorte de funcionarios. El nivel de los gobernantes desciende hasta marcar el cero; la mediocracia es una confabulación de los ceros contra las unidades. Cien políticos torpes juntos, no valen un estadista genial. Sumad diez ceros, cien, mil, todos los de las matemáticas y no tendréis cantidad alguna, siquiera negativa. Los políticos sin ideal marcan el cero absoluto en el termómetro de la historia, conservándose limpios de infamia y de virtud, equidistantes de Nerón y de Marco Aurelio.

Una apatía conservadora caracteriza a esos períodos; entibiase la ansiedad de las cosas elevadas, prosperando a su contra el afán de los suntuosos formulismos. Los gobernantes que no piensan parecen prudentes; los que nada hacen titúlanse reposados; los que no roban resultan ejemplares. El concepto del mérito se torna negativo: las sombras son preferibles a los hombres. Se busca lo originariamente mediocre o lo mediocrizado por la senilidad. En vez de héroes, genios o santos, se reclama discretos administradores. Pero el estadista, el filósofo, el poeta, los que realizan, predican y cantan alguna parte de un ideal están ausentes. Nada tienen que hacer.

La tiranía del clima es absoluta: nivelarse o sucumbir. La regla conoce pocas expresiones en la historia. Las mediocracias negaron siempre las virtudes, las bellezas, las grandezas, dieron el veneno a Sócrates, el leño a Cristo, el puñal a César, el destierro a Dante, la cárcel a Galileo, el fuego a Bruno; y mientras escarnecían a esos hombres ejemplares, aplastándolos con su saña o armando contra ellos algún brazo enloquecido, ofrecían su servidumbre a gobernantes imbéciles o ponían su hombro para sostener las más torpes tiranías. A un precio: que éstas garantizaran a las clases hartas la tranquilidad necesaria para usufructuar sus privilegios.

En esas épocas del lenocinio la autoridad es fácil de ejercitar: las cortes se pueblan de serviles, de retóricos que parlotean pane lucrando, de aspirantes a algún bajalato, de pulchinelas en cuyas conciencias está siempre colgando el albarán ignominioso. Las mediocracias apuntálanse en los apetitos de los que ansían vivir de ellas y en el miedo de los que temen perder la pitanza. La indignidad civil es ley en esos climas. Todo hombre declina su personalidad al convertirse en funcionario: no lleva visible la cadena al pie, como el esclavo, pero la arrastra ocultamente, amarrada en su intestino. Ciudadanos de una patria son los capaces de vivir por su esfuerzo, sin la cebada oficial. Cuando todo se sacrifica a ésta, sobreponiendo los apetitos a las aspiraciones, el sentido moral se degrada y la decadencia se aproxima. En vano se busca remedios en la glorificación del pasado. De ese atafagamiento los pueblos no despiertan loando lo que fue, sino sembrando el porvenir.

II. La patria

Los países son expresiones geográficas y los Estados son formas de equilibrio político. Una patria es mucho más y es otra cosa: sincronismo de espíritus y de corazones, temple uniforme para el esfuerzo y homogénea disposición para el sacrificio, simultaneidad en la aspiración de la grandeza, en el pudor de la humillación y en el deseo de la gloria. Cuando falta esa comunidad de esperanzas, no hay patria, no puede haberla: hay que tener ensueños comunes, anhelar juntos grandes cosas y sentirse decididos a realizarlas, con la seguridad de que al marchar todos en pos de un ideal, ninguno se quedará en mitad del camino contando sus talegas. La patria está implícita en la solidaridad sentimental de una raza y no en la confabulación de los politiquistas que medran a su sombra.

No basta acumular riquezas para crear una patria: Cartago no lo fue. Era una empresa. Las áureas minas, las industrias afiebradas y las lluvias generosas hacen de cualquier país un rico emporio: se necesitan ideales de cultura para que en él haya una patria. Se rebaja el valor de este concepto cuando se lo aplica a países que carecen de unidad moral, más parecidos a factorías de logreros autóctonos o exóticos que a legiones de soñadores cuyo ideal parezca un arco tendido hacia un objetivo de dignificación común.

La patria tiene intermitencias: su unidad moral desaparece en ciertas épocas de rebajamiento, cuando se eclipsa todo afán de cultura y se enseñorean viles apetitos de mando y de enriquecimiento. Y el remedio contra esa crisis de chatura no está en el fetichismo del pasado, sino en la siembra del porvenir, concurriendo a crear un nuevo ambiente moral propicio a toda culminación de la virtud, del ingenio y del carácter.

Cuando no hay patria no puede haber sentimiento colectivo de la nacionalidad inconfundible con la mentira patriótica explotada en todos los países por los mercaderes y los militaristas. Solo es posible en la medida que marca el ritmo unísono de los corazones para un noble perfeccionamiento y nunca para una innoble agresividad que hiera el mismo sentimiento de otras nacionalidades.

No hay manera más baja de amar a la patria que odiando a las patrias de los otros hombres, como si todas no fuesen igualmente dignas de engendrar en sus hijos iguales sentimientos. El patriotismo debe ser emulación colectiva para que la propia nación ascienda a las virtudes de que dan ejemplo otras mejores; nunca debe ser envidia colectiva que haga sufrir de la ajena superioridad y mueva a desear el alejamiento de los otros hasta el propio nivel. Cada Patria es un elemento de la Humanidad; el anhelo de la dignificación nacional debe ser un aspecto de nuestra fe en la dignificación humana. Asciende cada raza a su más alto nivel, como

Patria, y por el esfuerzo de todos remontará el nivel de la especie, como Humanidad.

Mientras un país no es patria, sus habitantes no constituyen una nación. El celo de la nacionalidad solo existe en los que se sienten acomunados para perseguir el mismo ideal. Por eso es más hondo y pujante en las mentes conspicuas; las naciones más homogéneas son las que cuentan hombres capaces de sentirlo y servirlo. La exigua capacidad de ideales impide a los espíritus bastos ver en el patrimonio un alto ideal: los tránsfugas de la moral, ajenos a la sociedad en que viven, no pueden concebirlo; los esclavos y los siervos tienen, apenas, un país natal. Solo el hombre digno y libre puede tener una patria.

Puede tenerla; no la tiene siempre, pues tiempos hay en que solo existe en la imaginación de pocos: uno, diez, acaso algún centenar de elegidos. Ella está entonces en ese punto ideal donde converge la aspiración de los mejores, de cuantos la sienten sin medrar de oficio a horcajadas de la política. En esos pocos está la nacionalidad y vibra en ellos; mantiénense ajenos a su afán los millones de habitantes que comen y lucran en el país.

El sentimiento enaltecedor nace en muchos soñadores jóvenes, pero permanece rudimentario o se distrae en la apetencia común; en pocos elegidos llega a ser dominante, anteponiéndose a pequeñas tentaciones de piara o de cofradía. Cuando los intereses venales se sobreponen al ideal de los espíritus cultos, que constituyen el alma de una nación, el sentimiento nacional degenera y se corrompe: la patria es explotada como una industria. Cuando se vive hartando groseros apetitos y nadie piensa que en el canto de un poeta o la reflexión de un filósofo puede estar una partícula de la gloria común, la nación se abisma. Los ciudadanos vuelven a la condición de habitantes. La patria a la de país.

Eso ocurre periódicamente: como si la nación necesitara parpadear en su mirada hacia el porvenir. Todo se tuerce y abaja, desapareciendo la molicie individual en la común: diríase que en la culpa colectiva se esfuma la responsabilidad de cada uno. Cuando el conjunto se dobla, como en el harquinazo de un buque, parece, por relatividad, que ninguna cosa se doblará. Solo el que se levanta y mira desde otro plano a los que navegan, advierte su descenso, como si frente a ellos fuese un punto inmóvil: un faro en la costa.

Cuando las miserias morales asolan a un país, culpa es de todos los que por falta de cultura y de ideal no han sabido amarlo como patria: de todos los que vivieron de ella sin trabajar para ella.

III. La política de las piaras

Causa honda de esa contaminación general es, en nuestra época, la degeneración del sistema parlamentario: todas las formas adocenadas de parlamentarismo. Antes presumíase que para gobernar se requería cierta ciencia y arte de aplicarla; ahora se ha convenido que Gil Blas, Tartufo y Sancho son los árbitros inapelables de esa ciencia y de ese arte.

La política se degrada, conviértese en profesión. En los pueblos sin ideales, los espíritus subalternos medran con torpes intrigas de antecámara. En la bajamar sube lo rahez y se acorchan los traficantes. Toda excelencia desaparece, eclipsada por la domesticidad. Se instaura una moral hostil a la firmeza y propicia al relajamiento. El gobierno va a manos de gentualla que abocada el presupuesto. Abájanse los adarves y álzanse los muladares. El lauredal se agosta y los cardizales se multiplican. Los palaciegos se frotan con los malandrines. Progresan funámbulos y volatineros.

Nadie piensa, donde todos lucran; nadie sueña, donde todos tragan. Lo que antes era signo de infamia o cobardía, tórnase título de astucia; lo que otrora mataba, ahora vivifica, como si hubiera una aclimatación al ridículo; sombras envilecidas se levantan y parecen hombres; la improbidad se pavonea y ostenta, en vez de ser vergonzante y pudorosa. Lo que en las patrias se cubría de vergüenza, en los países cúbrese de honores.

Las jornadas electorales conviértense en burdos enjuagues de mercenarios o en pugilatos de aventureros. Su justificación está a cargo de electores inocentes, que van a la parodia como a una fiesta.

Las facciones de profesionales son adversas a todas las originalidades. Hombres ilustres pueden ser víctimas del voto: los partidos adornan sus listas con ciertos nombres respetados, sintiendo la necesidad de parapetarse tras el blasón intelectual de algunos selectos. Cada piara se forma un estado mayor que disculpa su pretensión de gobernar al país, encubriendo osadas piraterías con el pretexto de sostener intereses de partidos. Las excepciones no son toleradas en homenaje a las virtudes: las piaras no admiran ninguna superioridad; explotan el prestigio del pabellón para dar paso a su mercancía de contrabando; descuentan en el banco del éxito merced a la firma prestigiosa. Para cada hombre de mérito hay decenas de sombras insignificantes.

Aparte esas excepciones, que existen en todas partes, la masa de «elegidos del pueblo» es subalterna, pelma de vanidosos, deshonestos y serviles.

Los primeros derrochan su fortuna por ascender al Parlamento. Ricos terratenientes o poderosos industriales pagan a peso de oro los votos coleccionados por agentes impúdicos; señorzuelos advenedizos abren sus alcancías para comprarse el único diploma accesible a su mentalidad amorfa; asnos enriquecidos aspiran a ser tutores de pueblos, sin más capital que su constancia y sus millones. Necesitan ser alguien; creen conseguirlo incorporándose a las piaras.

Los deshonestos son legión; asaltan el Parlamento para entregarse a especulaciones lucrativas. Venden su voto a empresas que muerden las arcas del Estado; prestigian proyectos de grandes negocios con el erario, cobrando sus discursos a tanto por minuto; pagan con destinos y dádivas oficiales a sus electores, comercian su influencia para obtener concesiones en favor de su clientela. Su gestión política suele ser tranquila: un hombre de negocios está siempre con la mayoría. Apoya a todos los Gobiernos.

Los serviles merodean por los Congresos en virtud de la flexibilidad de sus espinazos. Lacayos de un grande hombre, o instrumentos ciegos de su piara, no osan discutir la jefatura del uno o las consignas de la otra. No se les pide talento, elocuencia o probidad: basta con la certeza de su panurguismo. Viven de luz ajena, satélites sin color y sin pensamientos, uncidos al carro de su cacique, dispuestos siempre a batir palmas cuando él habla y a ponerse de pie llegada la hora de una votación.

En ciertas democracias novicias, que parecen llamarse repúblicas por burla, los Congresos hormiguean de mansos protegidos de las oligarquías dominantes. Medran piaras sumisas, serviles, incondicionales, afeminadas: las mayorías miran al porquero esperando una guiñada o una seña. Si alguno se aparta está perdido; los que se rebelan están proscritos sin apelación.

Hay casos aislados de ingenio y de carácter, soñadores de algún apostolado o representantes de anhelos indomables; si el tiempo no los domestica, ellos sirven a los demás, justificándolos con su presencia, aquilatándolos.

Es de ilusos creer que el mérito abre las puertas de los Parlamentos envilecidos. Los partidos o el Gobierno en su nombre operan una selección entre sus miembros, a expensas del mérito o en favor de la intriga. Un soberano cuantitativo y sin ideales prefiere candidatos que tengan su misma complexión moral: por simpatía y por conveniencia.

Las más abstrusas fórmulas de la química orgánica parecen balbuceos infantiles frente a las vueltacaras del Parlamento mediocre. El desprecio de los hombres probos no lo amedrenta jamás. Confía en que el bajo nivel del representante apruebe la insensatez del representado. Por eso ciertos hombres inservibles se adaptan maravillosamente a los desiderata del sufragio universal; la grey se prosterna ante los fetiches más huecos y los rellena con su alambicada tontería.

Los cómplices, grandes o pequeños, aspiran a convertirse en funcionarios. La burocracia es una convergencia de voracidades en acecho. Desde que se inventaron los Derechos del hombre todo imbécil los sabe de memoria para explotarlos, como si la igualdad ante la ley implicara una equivalencia de aptitudes. Ese afán de vivir a expensas del Estado rebaja la dignidad. Cada elector que cruza las calles, deprisa, preocupado, a pie, en automóvil, de blusa, enguantado, joven, maduro, a cualquier hora, podéis asegurar que está domesticándose, envileciéndose: busca una recomendación o la lleva en su faltriquera.

El funcionario crece en las modernas burocracias. Otrora, cuando fue necesario delegar parte de sus funciones, los monarcas elegían a hombres de mérito, experiencia y fidelidad. Pertenecían casi todos a la casta feudal; los grandes cargos la vinculaban a la causa del señor. Junto a ésa, formábanse pequeñas burocracias locales. Creciendo las instituciones de gobierno el funcionarismo creció, llegando a ser una clase, una rama nueva de las oligarquías dominantes. Para impedir que fuese altiva, la reglamentaron, quitándole toda iniciativa y ahogándola en la rutina. A su afán de mando se opuso una sumisión exagerada. La pequeña burocracia no varía; la grande, que es su llave, cambia con la piara que gobierna. Con el sistema parlamentario se la esclavizó por partida doble: del ejecutivo y del legislativo. Ese juego de influencias bilaterales converge a empequeñecer la dignidad de los funcionarios. El mérito queda excluido en absoluto; basta la influencia. Con ella se asciende por caminos equívocos. La característica del zafio es creerse apto para todo, como si la buena intención salvara la incompetencia. Flaubert ha contado en páginas eternas la historia de dos mediocres que ensayan lo ensayable: Bouvard y Pécuchet. Nada hacen bien, pero a nada renuncian. Ellos pueblan las mediocracias; son funcionarios de cualquier función, creyéndose órganos valederos para las más contradictorias fisiologías.

Consecuencias inmediatas del funcionarismo son la servilidad y la adulación. Existen desde que hubo poderosos y favoritos.

Bajo cien formas se observa la primera, implícita en la desigualdad humana: donde hubo hombres diferentes algunos fueron dignos y otros domésticos.

El excesivo comedimiento y la afectación de agradar al amo engendran esas carcomas del carácter. No son delitos ante las leyes, ni vicios para la moral de ciertas épocas: son compatibles con la «honestidad». Pero no con la «virtud». Nunca.

La sensibilidad a los elogios es legítima en sus orígenes. Ellos son una medida indirecta del mérito; se fundan en la estimación, el reconocimiento, la amistad, la simpatía o el amor. El elogio sincero y desinteresado no rebaja a quien lo otorga ni ofende a quien lo recibe, aun cuando es injusto; puede ser un error, no es una indignidad. La adulación lo es siempre: es desleal e interesada. El deseo de la privanza induce a complacer a los poderosos; la conducta del adulón mira a eso y todo le sacrifica su ánimo servil. Su inteligencia solo se aguza para oliscar el deseo del amo. Subordina sus gustos a los de su dueño, pensando y sintiendo como él lo ordena: su personalidad no está abolida, pero poco falta. Pertenece a la raza de los «cobardes felices», como los bautizó Leconte de Lisle.

La adulación es una injusticia. Engaña. Es despreciable siempre el adulón, aun cuando lo hace por una especie de benevolencia vulgar o por el deseo de agradar a cualquier precio. Racine, en *Fedra*, lo creyó un castigo divino:

> Détéstables flatteurs, présent le plus funeste
> Que puisse aire aux rois la cólere celeste.[11]

No solo se adula a reyes y poderosos; también se adula al pueblo. Hay miserables afanes de popularidad, más denigrantes que el servilismo. Para obtener el favor cuantitativo de las turbas, puede mentírseles bajas alabanzas disfrazadas de ideal; más cobardes porque se dirigen a plebes que no saben descubrir el embuste. Halagar a los ignorantes y merecer su aplauso, hablándoles sin cesar de sus derechos, jamás de sus deberes, es el postrer renunciamiento a la propia dignidad.

En los climas mediocres, mientras las masas siguen a los charlatanes, los gobernantes prestan oídos a los quitamotas. Los vanidosos viven fascinados por la sirena que los arrulla sin cesar, acariciando su sombra; pierden todo criterio para juzgar sus propios actos y los ajenos; la intriga los aprisiona;

---

11 Detestables aduladores, presente el más funesto que pueda hacer a los reyes la cólera celeste. (N. del E.)

la adulación de los serviles los arrastra a cometer ignominias, como esas mujeres que alardean su hermosura y acaban por prestarla a quienes las corrompen con elogios desmedidos. El verdadero mérito es desconcertado por la adulación: tiene su orgullo y su pudor, como la castidad. Los grandes hombres dicen de sí, naturalmente, elogios que en labios ajenos los harían sonrojar; las grandes sombras gozan oyendo las alabanzas que temen no merecer.

Las mediocracias fomentan ese vicio de siervos. Todo el que piensa con cabeza propia, o tiene un corazón altivo, se aparta del tremedal donde prosperan los envilecidos. «El hombre excelente —escribió La Bruyére— no puede adular; cree que su presencia importuna en las cortes, como si su virtud o su talento fuesen un reproche a los que gobiernan.» Y de su apartamiento se aprovechan los que palidecen ante sus méritos como si existiera una perfecta compensación entre la ineptitud y el rango, entre las domesticidades y los avanzamientos.

De tiempo en tiempo alguno de los mejores se yergue entre todos y dice la verdad, como sabe y como puede, para que no se extinga ni se subvierta, transmitiéndola al porvenir. Es la virtud cívica: lo innoble es calificado con justeza; a fuerza de velar los nombres acabaría por perderse en los espíritus la noción de las cosas indignas. Los Tartufos, enemigos de toda luz estelar y de toda palabra sonora, persígnanse ante el herético que devuelve sus nombres a las cosas. Si dependiera de ellos la sociedad se transformaría en una cueva de mudos, cuyo silencio no interrumpiese ningún clamor vehemente y cuya sombra no rasgara el resplandor de ningún astro.

Todo idealista ha leído con lírica emoción las tres historias admirables que cuenta Vigny en su *Stello* imperecedero. Tener un ideal es crimen que vio perdonan las mediocracias.

Muere Gilbert, muere Chatterton, muere Andrés Chenier. Los tres son asesinados por los Gobiernos, con arma distinta según los regímenes. El idealista es inmolado en los imperios absolutos lo mismo que en las monarquías constitucionales y en las repúblicas burguesas.

Quien vive para un ideal no puede servir a ninguna mediocracia. Todo conspira en ella para que el pensador, el filósofo y el artista se desvíen de su ruta; y ¡guay! cuando se apartan de ésta la pierden para siempre. Temen por eso la politiquería, sabiendo que es el Walhalla de los mediocres. En su red pueden caer prisioneros.

Pero cuando reina otro clima y el destino los lleva al poder, gobiernan contra los serviles y los rutinarios; rompen la monotonía de la historia. Sus enemigos lo saben; nunca un genio ha sido encumbrado por una mediocracia.

Llegan contra ella, a pesar suyo, a desmantelarla, cuando se prepara un porvenir.

IV. Los arquetipos de la mediocracia

Los prohombres de las mediocracias equidistan del bárbaro legendario —Tiberio o Facundo— y del genio transmutador —Marco Aurelio o Sarmiento—. El genio crea instituciones y el bárbaro las viola: los mediocres las respetan, impotentes para forjar o destruir. Esquivos a la gloria y rebeldes a la infamia, se les reconoce por una circunstancia inequívoca: sus cubicularios no osan llamarlos genios por temor al ridículo y sus adversarios no podrían sentarlos en cáncana de imbéciles sin flagrante injusticia. Son perfectos en su clima: sosláyanse en la historia a merced de cien complicidades y conjugan en su persona todos los atributos del ambiente que los repuja. Amerengados por equívocas jerarquías militares, por opacos títulos universitarios o por la almidonada improvisación de alcurnias advenedizas, acicalan en su espíritu las rutinas y prejuicios que acorchan las creederas de la mediocridad dominante. Son pasicortos siempre; su marcha no puede en momento alguno compararse al vuelo de un cóndor ni a la reptación de una serpiente.

Todas las piaras inflan algún ejemplar predestinado a posibles culminaciones. Seleccionan el acabado prototipo entre los que comparten sus pasiones o sus voracidades, sus fanatismos o sus vicios, sus prudencias o sus hipocresías. No son privilegio de tal casta o partido: su liviandad alcornocal flota en todas las ciénagas políticas. Piensan con la cabeza de algún rebaño y sienten con su corazón. Productos de su clima, son irresponsables: ayer de su oquedad, hoy de su preeminencia, mañana de su ocaso. Juguetes, siempre, de ajenas voluntades. Entre ellos eligen las repúblicas sus presidentes, buscan los tiranos sus favoritos, nombran los reyes sus ministros, entresacan los parlamentarios sus gabinetes. Bajo todos los regímenes: en las monarquías absolutas y en las repúblicas oligárquicas. Siempre que desciende la temperatura espiritual de una raza, de un pueblo o de una clase, encuentran propicio clima los obtusos y los seniles. Las mediocracias evitan las cumbres de los abismos. Intranquilas bajo el Sol meridiano y timoratas en la noche, buscan sus arquetipos en la penumbra. Temen la originalidad y la juventud; adoran a los que nunca podrán volar o tienen ya las alas enmohecidas.

Adventicias jaurías de mediocres, vinculadas por la traílla de comunes apetitos, osan llamarse partidos. Rumian un credo, fingen un ideal, atalajan fantasmas consulares y reclutan una hueste de lacayos. Eso basta para disputar a codo limpio el acaparamiento de las prebendas gubernamentales. Cada grey elabora su mentira, erigiéndola en dogma infalible. Los tunantes suman esfuerzos para enaltecer la prohombría de su fantasma: llamase lirismo a su ineptitud, decoro a su vanidad, ponderación a su pereza, prudencia a su impotencia, distracción a sus vicios, liberalidad a su briba, sazón a su marchitez. La hora los favorece: las sombras se alargan cuanto más avanza el crepúsculo. En cierto momento la ilusión ciega a muchos, acallando toda veraz disidencia.

La irresponsabilidad colectiva borra la cuota individual del yerro: nadie se sonroja cuando todas las mejillas pueden reclamar su parte en la vergüenza común.

De esas baraúndas salen a flote unos u otros arquetipos, aunque no siempre los menos inservibles.

Viven durante años en acecho; escúdanse en rencores políticos o en prestigios mundanos, echándolos como agraz en el ojo de los inexpertos. Mientras yacen aletargados por irredimibles ineptitudes, simúlanse proscritos por misteriosos méritos. Claman contra los abusos del poder, aspirando a cometerlos en beneficio propio. En la mala racha, los facciosos siguen oropelándose mutuamente, sin que la resignación al ayuno disminuya la magnitud de sus apetitos. Esperan su turno, mansos bajo el torniquete. Se repiten la máxima de De Maistre: «Savoir attendre et le grand moyen de parvenir».[12]

La paciente expectativa converge a la culminación de los menos inquietantes. Rara vez un hombre superior los apandilla con muñeca vigorosa, convirtiéndolos en comparsa que medra a su sombra; cuando les falta ese denominador absoluto, desorbítanse como asteroides de un sistema planetario cuyo Sol se extingue. Todos se confabulan entonces en tácita transacción, prestando su hombro a los que pueden aguantar más alabanzas en justa equivalencia de méritos antiguos. El grupo los infla con solidaridad de logia; cada cómplice

12 Saber esperar es el gran medio para llegar. (N. del E.)

conviértese en una hebra de la telaraña tendida para captar el gobierno.

Compréndese la arrevesada selección de las facciones oligárquicas y el pomposo envanecimiento del mediocre que ellas consagran. Sus encomiastas, empeñados en purificarlo de toda mancha pecaminosa, intentan obstruir la verdad llamando romanticismo a su reiterada incompetencia para todas las empresas. Otros llaman orgullo a su vanidad e idealismo a su acidia; pero el tiempo disipa el equívoco, devolviendo su nombre a esos dos vicios arracimados en un mismo tronco: el orgullo es compatible con el idealismo, pero el primero es la síntesis de la vanidad y el segundo lo es de la acidia.

Repujados los prohombres de hojalatería, sus cómplices acaban de azogarles con demulcentes crisopeyas. Sus lacras llegan a parecer coqueterías, como las arrugas de las cortesanas. Ungiéndolos árbitros del orden y de la virtud, declaran prescritas sus viejas pústulas; incondicionalismo para con los regímenes más turbios, intérlopes pasiones de garito, ridículos infortunios de donjuanismo epigramático. Los labios de los adulones abrévanse en aquella agua del Leteo que borra la memoria del pasado; no advierten que después de chapalear una vida entera en el vicio, todo puritanismo huele a bencina, como los guantes que pasan por el limpiador.

Donde medran oligarquías bajo disfraces democráticos prosperan esos pavorreales apampanados, tensos por la vanidad: un travieso los desinflaría si los pinchase al pasar, descubriendo la nada absoluta que retoza en su interior. Vacuo no significa alígero. Nunca fue la tontería cartabón de santidad. Sin sangre de hienas, que han menester los tiranos, tampoco tiénenla de águilas, propia de iluminados; corre en sus venas una linfa tontivana, propia en estirpe de pavos y quintaesenciada en el real, simbólica ave que suma candorosamente la zoncería y la fatuidad. Son termómetros morales de cierta época: cuando la mediocracia encuba pollipavos no tienen atmósfera los aguiluchos.

La resignada pasividad explica ciertas culminaciones: el porvenir de algunos arquetipos estriba en ser admirados en contra de otros. Huyen para agrandarse. Con muchos lustros de andar a la birlonga no borran sus culpas; en su paso descúbrese una inveterada pusilanimidad que rehuye escaramuzas con enemigos que les han humillado hasta sangrar. No puede haber virtud sin gallardía; no la demuestra quien esquiva con temblorosos alejamientos la batalla por tantos años ofrecida a su dignidad. Ese acoquinamiento no es, por cierto, el clásico valor gauchesco de los coroneles americanos; ni se parece al esto del león agazapado para pegar mejor el salto. Ellos vagamundean con el «don de espera del batracio oportunista», de que habla Ramos Mejía. El hombre digno puede enmudecer cuando recibe una herida, temiendo acaso que su desdén exceda a la ofensa; pero llega su sentencia, y llega en estilo nunca usado para adular ni para pedir, más hiriente que cien espadas. Cada verbo es una flecha cuyo alcance finca en la elasticidad del arco: la tensión moral de la dignidad. Y el tiempo no borra una sílaba de lo que así se habla.

Los arquetipos suelen interrumpir sus humillados silencios con inocuas pirotecnias verbales; de tarde en tarde los cómplices pregonan alguna misteriosa lucubración tartamudeada, o no, ante asambleas que ciertamente no la escucharon. Ellos no atinan a sostener la reputación con que los exornan: desertan el Parlamento el día mismo en que los eligen, como si temieran ponerse en descubierto y comprometer a los empresarios de su fama.

Complétase la inflazón de estos aerostatos confiándoles subalternas diplomacias de festival, en cuya aparatosidad suntuaria pavonean sus huecas vanidades. Sus cómplices adivínanles algún talento diplomático o perspicacia internacionalista, hasta complicarles en lustrosas canonjías donde se apagan en tibias penumbras, junto al resplandecer de sus colaboradores más antiguos. Nunca desalentadas, las oligarquías siguen mimando a estos engendros, con la esperanza de que acertarán un golpe en el clavo después de afirmar cien en la herradura. Ungidos emisarios ante una nación hermana, su casuística de sacristía envenena hondos afectos, como si por arte de encantamiento germinaran cizañas inextinguibles en los corazones de los pueblos.

Archiveros y papelistas se confabulan para encelar el fervor de los ingenuos y captar la confianza de los rutinarios. Plutarquillos bien rentados transforman en miel su acíbar, quintaesenciando en alabanzas sus vinagres más crónicos, como si hipotecaran su ingenio descontando prebendas futuras. Rellenan con vanos artilugios la oquedad del tonto, sin sospechar la insuficiencia de la tramoya. Ni el pavo parece águila ni corcel la mula: se les reconoce al pasar, viendo su moco eréctil u oyendo el chacoloteo de su herradura.

Su gravitación negativa seduce a los caracteres domesticados: no piensan, no roban, no oprimen, no sueñan, no asesinan, no faltan a misa, ¿qué más? Cuando las facciones forjan al Fénix, lo encumbran como su símbolo perfecto. Poseen cosméticos para sus fisonomías arrugadas: la grandílocua rancidez de programas a cuyo pie buscaríase de inmediato la firma de Bertoldo, si los vastos soponcios no traslucieran prudentes reticencias de Tartufo. Es preferible que estén cuajados de vulgaridades y escritos en pésimo estilo; gustan más a la clientela. Un programa abstracto es perfecto: parece idealista y no lastima las ideas que cree tener cada cómplice. De cada cien, noventa y nueve mienten lo mismo: la grandeza del país, los sagrados principios democráticos, los intereses del pueblo, los derechos del ciudadano, la moralidad administrativa. Todo ello, si no es desvergüenza consuetudinaria, resulta de una tontería enternecedora: simula decir mucho y no significa nada. El miedo a las ideas concretas ocúltase bajo el antifaz de las vaguedades cívicas.

No se avergüenzan de escalar el poder a horcajadas sobre la ignominia. Obtemperan a toda villanía que converja a su objeto: cuando hablan de civismo su aliento apesta al pantano originario. Su moral encubre el vicio, por el simple hecho de usufructuarlo. Empujados por torcidos caminos, siguen sembrando en los mismos surcos. Para aprovechar a los indignos han tenido que humillárseles mansamente; los honores que no se conquistan hay que pagarlos con abajamientos. «No puede ser virtuoso el engendrado en un vientre impuro», dicen las Escrituras; los que se encumbran cerrando los ojos e implicándose en mañas de estercolero, sufriendo los manoseos de los majagranzas, mintiéndose a sí mismos para hartar la acucia de toda una vida, no pueden redimirse del pecado original aunque, Faustos insubordinados, pretendan escapar al maleficio de sus Mefistófeles.

El pueblo los ignora; está separado de ellos por el celo de las facciones. Para prevenirse de achaques indiscretos retráense de la circulación: como si de cerca no resistieran al cateo de los curiosos. Mantiénense ajenos a todo estremecimiento de raza. En ciertas horas las turbas pueden ser sus cómplices: el pueblo nunca. No podría serlo; en las mediocracias desaparece. Diríase que consiente porque no existe, substituido por cohortes que medran.

Depositarios del alma de las naciones, los pueblos son entidades espirituales inconfundibles con los partidos. No basta ser multitud para ser pueblo: no lo sería la unanimidad de los serviles.

El pueblo encarna la conciencia misma de los destinos futuros de una nación o de una raza. Aparece en los países que un ideal convierte en naciones y reside en la convergencia moral de los que sienten la patria más alta que las oligarquías y las sectas. El pueblo —antítesis de todos los partidos— no se cuenta por números. Está donde un solo hombre no se complica en el abellacamiento común; frente a las huestes domesticadas o fanáticas ese único hombre libre, él solo, es todo: Pueblo y Nación y Raza y Humanidad.

Los arquetipos de la mediocracia pasan por la historia con la pompa superficial de fugitivas sombras chinescas. Jamás llega a sus oídos un insulto o una loa, nunca se les dice «héroes» o «tiranos»; en la fantasía popular despiertan un eco uniforme, que en todas partes se repite: «¡el pavo!», en una síntesis más definitiva que una lápida. Su trinomio psicológico es simple: vanidad, impotencia y favoritismo.

Viven de aspavientos, que solo atañen a las formas. La austera sobriedad del gesto es atributo de los hombres; la suntuosidad de las apariencias es galardón de las sombras. Después de incubar sus ansias, temblorosos de humildad ante sus cómplices, nublándose de humos y empavésanse de defatuidades; olvidan que envanecerse de un rango es confesarse inferior a él. Acumulan rumbosos artificios para alucinar las imaginaciones domésticas; rodéanse de lacayos, adoptan pleonásticas nomenclaturas, centuplican los expedientes, pavonéanse en trenes lujosos, navegan en complicados bucentauros, sueñan con recepciones allende los océanos. Ofrecen ambos flancos a la risueña ironía de los burlones, poniendo en todo cierta fastuosidad de segunda mano, que recuerda las cortes y señorías de opereta. Su énfasis melodramático cuadraría a personajes de Hugo y haría cosquillas al egotismo volteriano de Stendhal.

En su adonismo contemplativo no cabe la ambición, que es enérgico esfuerzo por acrecentar en obras los propios méritos. El ambicioso quiere ascender, hasta donde sus propias alas puedan levantarlo; el vanidoso cree encontrarse ya en las supremas cumbres codiciadas por los demás. La ambición es bella entre todas las pasiones, mientras la vanidad no la envilece; por eso es respetable en los genios y ridícula en los tontos.

Empavónanse de permanentes altisonancias. Sospechan que existen ideales y se fingen sus sostenedores; incurren en los más conformes a la moral de su mediocracia. Sospechan la verdad, a veces, porque ella entra en todas partes, más sutil que la adulación; pero la mutilan, la atenúan, la corrompen, con acomodaciones, con muletas, con remiendos que disfrazan. En ciertos casos, la verdad puede más que ellos; salta a la vista a pesar suyo y es su castigo. Se paramentan de buenas intenciones cuando menos fuerzas van teniendo para convertirlas en actos; la innata pavada se trasunta en sus parloteos puritanos.

Tórnase cómica la ineptitud en su disfraz de idealismo; son deleznables los vagos principios que aplican a compás de oportunistas conveniencias. El tiempo descubre a los que tienen la moral en piezas, para mostrarla, aunque de su paño jamás corten un traje para cubrir su mediocridad.

Son tributarios del séptimo pecado capital: en su impotencia hay pereza. Renuncian la autoridad y conservan la pompa; aquélla podría bruñir el mérito, ésta adorna la vanidad. Gustan de holgar; desisten de hacer lo muy poco que podrían; evitan toda firme labor; se apartan de cualquier combate, declarándose espectadores. Pueden practicar el mal por inercia y el bien por equivocación; se entregan a los acontecimientos por incapacidad de orientarlos. «Les paresseux —decía Voltaire— ne sont jamais que des gents médiocres, en quelque genre que ce soit.»[13] Por detestables que sean los gobernantes, nunca son peores que cuando no gobiernan. El mal que hacen los tiranos es un enemigo visible; la inercia de los poltrones, en cambio, implica un misterioso abandono de la función por el órgano, la acefalía, la muerte de la autoridad por una caquexia inaccesible a los remedios. Gran inconsciencia es gobernar pueblos cuando la enfermedad o la vejez quitan al hombre el gobierno de sí mismo.

La falta de inspiraciones intrínsecas tórnales sensibles a la coacción de los conspiradores, a la intriga de los domésticos, a la adulación de los palaciegos, a los apremios de los cotahures, a las intimidaciones de los gacetilleros, a las influencias de las sacristías. Su conducta trasluce febledad con cuantos les acechan; ni basta para ocultarla su aparatoso enfestar contra molinos de viento. Cuando llegan al poder lo renuncian de hecho, convencidos de su impotencia para usarlo; se entregan al curso de la ría, como los nadadores incipientes. Jinetes de potros cuyo voltijeo ignoran, cierran los ojos y abandonan las riendas: esa ineptitud para asirlas con sus manos inexpertas llámanla sumisión a la democracia.

El favoritismo es su esclavitud frente a cien intereses que los acosan; ignoran el sentimiento de la justicia y el respeto del mérito. El verdadero justo resiste a la tentación de no serlo cuando en ello tiene un beneficio; el mediocre cede siempre. Profesa una abstracta equidad en los casos que no hieren

---

13 Los perezosos no son más que gente mediocre, de cualquier clase que sea. (N. del E.)

el valimiento de sus cómplices; pero se complica de hecho en todas sus zirigañas. Nunca, absolutamente, puede haber justicia en preferir el lacayo al digno, el oblicuo al recto, el ignorante al estudioso, el intrigante al gentilhombre, el medroso al valiente. Ésa es la corruptela moral de las mediocracias: anteponer el valimiento al mérito. En el favoritismo se empantanan los que pisan firmes y avanzan los que se arrastran blandos: como en los tembladerales. Cuando el mérito enrostra sus yerros a los arquetipos, arguyen éstos humildemente que no son infalibles; pero está su vileza en subrayar la disculpa con tentadores ofrecimientos, acostumbrados a comerciar el honor. No puede ser juez quien confunde el diamante con la bazofia; cuando se acepta la responsabilidad de gobernar, «equivocarse es una culpa», como sentenció Epicteto. En las mediocracias se ignora que la dignidad nunca llega de hinojos a los estrados de los que mandan.

Repiten con frecuencia el legendario juicio de Midas. Pan osó comparar su flauta de siete carrizos con la lira de Apolo. Propuso una lid al dios de la armonía y fue árbitro el anciano rey frigio. Resonaron de Pan los acordes rústicos y Apolo cantó a compás de sus melopeas divinas. Decidieron todos que la flauta era incomparable a la lira, unánimes todos, menos el rey, que reclamó la victoria para aquélla. De pronto crecieron entre sus cabellos dos milagrosas orejas: Apolo quedó vengado y Pan se refugió en la sombra. El juez, confuso, quiso ocultarlas bajo su corona. Las descubrió a un cubiculario; corrió a un lejano valle, cavó un pozo y contó allí su secreto. Pero la verdad no se entierra: florecieron rosales que, agitados por las brisas, repiten eternamente que Midas tuvo orejas de asno.

La historia castiga con tanta severidad como la leyenda: una página de crónica dura más que un rosal. Nadie pregunta si los crucificadores de Cristo, los ustores de Bruno y los burladores de Colón fueron bribones o reblandecidos. Su condena es la misma e ilevantable. La justicia es el respeto del mérito. Un Marco Aurelio sabe que en cada generación hay diez o veinte espíritus privilegiados, y su genio consiste en fomentarlos todos; un Panza los excluye de su ínsula, usando solamente a los que se domestican, es decir, a los peores como carácter y moralidad. Siempre son injustos los que escuchan al servil sin interrogar al digno. Nunca piden favor los que merecen justicia. Ni lo aceptan. Encuentran natural que los pravos prefieran a sus similares; es exacto que «la torpeza del burgués, mortificado por la natural soberbia de la superioridad, busca consagrar a su igual, cuyo acceso le es fácil y en cuya psicología encuentra los medios de ser satisfecho y comprendido». Hora llega en que las injusticias de los gobernadores se pagan con formidables intereses compuestos, irremisiblemente. Hechas a uno solo, amenazan a todos los mejores; dejarlas impunes significa hacerse su cómplice. Pronto o tarde se saldan sus trabacuentas, aunque sus errores no se finiquiten jamás; los arquetipos de las mediocracias aprenden en carne propia que por un clavo se pierde una herradura.

Como a Midas el divino Apolo, los dignos castigan a los sin vergüenza con la perennidad de su palabra; pueden equivocarse, porque es humano; pero si dicen la verdad ella dura en el tiempo. Ésa es su espada; rara vez la sacan, pues pronto se gasta un arma que se desenvaina con frecuencia: si lo hacen, va recta al corazón, como la del romance famoso.

Y el rencor de los lacayos evidencia la seguridad de la punta que toca al amo.

Para ser completos, son sensibles a todos los fanatismos. Los más rezan con los mismos labios que usan para mentir, como Tartufo; inseguros de arrostrar en la tierra la sanción de los dignos, desearían postergarla para el cielo. Si en su poder estuviera, cortarían la lengua a los sofistas y las manos a los escritores; cerrarían las bibliotecas para que en ellas no conspirasen ingenios originales. Prefieren la adulación del ignorante al consejo sabio. Subyacen a todos los dogmas. Si coroneles, usan escapulario en vez de espada; si políticos, consultan la Monita para interpretar las Magnas Cartas de las naciones. Bajo su imperio la hipocresía —más funesta que la desvergüenza misma— tórnase sistema. En ese combate incesante, renovado en tantos dramas ibsenianos, los amorfos conviértense en columnas de la sociedad, y el que desnuda una sombra parece un sedicioso enemigo del pueblo. Todos los avisados golpéanse el pecho para medrar. Las huestes de sacristía crecen y crecen, absorbiendo, minando, ensanchándose: como un herpes moral que se agranda en silencio hasta manchar ignominiosamente la fisonomía de toda una época.

Las mediocracias niegan a sus arquetipos el derecho de elegir su oportunidad. Los atalajan en el gobierno cuando su organismo vacila y su cerebro se apaga: quieren al inservible o al romo. Hombres repudiados en la juventud, son consagrados en la vejez: a esa edad en que las buenas intenciones son un cansancio de las malas costumbres. Eligen a los que usaron esclavizarse de su vientre, comiendo hasta hartarse y bebiendo hasta aturdirse, devastando su salud en noches blancas, rebajando su dignidad en la insolvencia de los tapetes verdes, tornándose impropios para todo esfuerzo continuado y fecundo, preparando esas decrepitudes en que el riñón se fosiliza y el hígado se almibara. Ésa es la mejor garantía para el rebaño rutinario; su odio a la originalidad lo impele hacia los hombres que empiezan a momificarse en vida.

Mientras la vejez va borrando los últimos rasgos personales de los arquetipos, sus cómplices se confabulan para ocultar su progresivo reblandecimiento, eximiéndole de toda faena y adminiculándole de ingenuas ficciones. Poco a poco el carcamal huye de sus residencias naturales y se aísla; regatea las ocasiones de mostrarse en plena luz, exhibiéndose en reducidas vidrieras, donde los pavorreales pueden lucir, desde lejos, los cien ojos de Argos plantados en su cola. Inciertos ya para pensar, necesitan más que nunca el sahumerio de todos los incensarios: la adulonería acaba por encubrirlos de lubricantes. Las apologías se redoblan a medida que ellos van desapareciendo, minado el cerebro por vergonzosas enfermedades contraídas en el trato lupanario de las cortesanas.

El crepúsculo sobreviene implacable, a fuego lento, gota a gota, como si el destino quisiera desnudar su vaciedad, pieza por pieza, demostrándola a los más empecinados, a los que podrían dudar si murieran de golpe, sin ese pausado desteñimiento.

Son sombras al servicio de sus huestes contiguas. Aunque no vivan para sí tienen que vivir para ellas, mostrándose de lejos para atestiguar que existen, y evitando hasta la ráfaga de aire que podría doblarlos como a la hoja de un catálogo abandonado a la intemperie.

Aunque desfallezcan no pueden abandonar la carga; en vano el remordimiento repetirá en sus oídos las clásicas palabras de Propercio: «Es vergonzoso cargarse la cabeza con un fardo que no puede llevarse: pronto se doblan las rodillas, esquivas al peso» (III, IX, 5). Los arquetipos sienten su esclavitud; pero deben morir en ella, custodiados por los cómplices que alimentaron su vanidad.

Las casas de gobierno pueden ser su féretro; las facciones lo saben y se disputan sus vices, que aguaitan en acecho. Sus nombres quedan enumerados en las cronologías; desaparecen de la historia. Sus descendientes y beneficiarios esfuérzanse en vano por alargar su sombra y vivir de ella.

Basta que un hombre libre los denuncie para que la posteridad los amortaje; sobra una sola palabra si es virtuosa, estoica, incorruptible, decidida a sacrificarse sin mirar atrás con tal de ser leal a su dignidad, sobra una sola palabra para borrar las adulaciones de los palaciegos, en vano acendrados en la hora fúnebre. Algunos hartos comensales, no pudiendo referirse a lo que fueron, atrévense a elogiar lo que pudieron ser...; creen que muere una esperanza como si ésta fuera posible en organismos minados por las carcomas de la juventud y los almibaramientos de la vejez.

Es natural que muera con cada uno su piara: túrnanse muchas en cada era de penumbra. La mediocracia las tira como viejos naipes cuyas cartas ya están marcadas por los tahúres, entrando a tallar con otros nuevos, ni mejores ni peores. Los dignos, ajenos a la partida cuyas trampas ignoran, se apartan de todas las camarillas que medran a la sombra de la patria; cultivan sus ideales y encienden una chispa de ellos como pueden, esperando otro clima moral o preparándolo. Y no manchan sus labios nombrando a los arquetipos: sería, acaso, inmortalizarlos.

V. La aristocracia del mérito

El progresivo advenimiento de la democracia, permitiendo la igualdad de los demás, ¿ha dificultado la culminación de los mejores? Es indiferente que se trate de monarquías o de repúblicas; el siglo XIX comenzó a unificar la esencia de los regímenes políticos, nivelando todos los sistemas, aburguesándolos.

Un pensador eminente glosó esta verdad: la mediocracia no tolera las excepciones ilustres. Si el genio es un soliloquio magnífico, una voz de la naturaleza en que habla toda una nación o una raza, ¿no es un privilegio excesivo —se pregunta— que uno ahueque la voz en nombre de todos? La democracia reniega de tales soberanos que se encumbran sin plebiscitos y no aducen derechos divinos. Lo que antes fue Verbo en el genio, tórnase ahora palabra y es distribuida entre todos, que, juntos, creen razonar mejor que uno solo. La civilización parece concurrir a ese lento y progresivo destierro del hombre extraordinario, ensanchando e iluminando las medianías. Cuando los más no sabían pensar, era justo que uno lo hiciese por todos: facultad expuesta a peligrosos excesos. Pero el hombre providencial va siendo innecesario a medida que los más piensan y quieren. En tanta difusión de la soberanía: ¿qué necesidad hay de grandes epopeyas pensadas, realizadas o escritas? ésa parece, transitoriamente, la fórmula del nivelamiento, y podría traducirse así: en la medida en que se difunde el régimen democrático restríngese la función de los hombres superiores.

Sería una verdad inconcusa, definitiva, si el devenir igualitario fuese una orientación natural de la historia y si, en caso de serlo, se efectuase con ritmo permanente, sin tropiezos. Y no es así. No lo ha sido nunca; ni lo será, según parece. La naturaleza se opone a toda nivelación, viendo en la igualdad la muerte; las sociedades humanas, para su progreso moral y estructural, necesitan del genio más que del imbécil y del talento más que de la mediocridad. La historia no confirma la presunción igualitaria: no suprime a Leonardo para endiosar a Panza ni aplasta a Bertoldo para adorar a Goethe.

Unos y otros tienen su razón de vivir, ni prospera el uno en el clima del otro. El genio en su oportunidad, es tan ¡reemplazable como el mediocre en la propia; mil, cien mil mediocres no harían entonces lo que un genio. Cooperan a su obra los idealistas que les preceden o siguen; nunca los conservadores, que son sus enemigos naturales, ni las masas rutinarias, que pueden ser su instrumento, pero no su guía.

Es irónico repetir que los Estados no necesitan nunca el gobernante genial. El culto del gobernante adocenado, pero honesto, es propio de mercaderes que temen al malo, sin concebir al superior. ¿Por qué la historia renegaría del genio, del santo y del héroe? En las horas solemnes los pueblos todo lo esperan de los grandes hombres; en las épocas decadentes bastan los vulgares. Hay un clima que excluye al genio y busca al fatuo; en la chatura crepuscular, mientras las academias se pueblan de miopes y de funcionarios, gobiernan el Estado los charlatanes o los pollipavos. Pero hay otro clima en que ellos no sirven; entonces cuájase de astros el horizonte. En la borrasca toma el timón un Sarmiento y pilotea un pueblo hacia su Ideal; en la aurora mira lejos un Ameghino y descubre fragmentos de alguna Verdad en formación. Y todavía varía en sus dominios; fórmase en su rededor, como el halo en torno de los astros, una particular atmósfera donde su palabra resuena y su chispa ilumina: es el clima del genio. Y uno solo piensa y hace: marca un evo.

Al que dice «Igualdad o muerte», replica la naturaleza «la igualdad es la muerte». Aquel dilema es absurdo. Si fuera posible una constante nivelación, si hubieran sucumbido alguna vez todos los individuos diferenciales, los originales, la humanidad no existiría. No habría podido existir como término culminante de la serie biológica. Nuestra especie ha salido de las precedentes como resultado de la selección natural; solo hay evolución donde pueden seleccionarse las variaciones de los individuos. Igualar todos los hombres sería negar el progreso de la especie humana. Negar la civilización misma.

Queda el hecho actual y contingente: el advenimiento progresivo del régimen democrático, en las monarquías y en las repúblicas, ¿ha favorecido su descenso público durante el último siglo?

Prácticamente la democracia ha sido una ficción, hasta ahora. Es una mentira de algunos que pretenden representar a todos. Aunque en ella creyeran por momentos Lamartine, Heine y Hugo, nadie más infiel que los poetas idealistas al verbo de la equivalencia universal; los más son abiertamente hostiles. Otra es la posición del problema. Es sencilla.

Hasta ahora no ha existido una democracia efectiva. Los regímenes que adoptaron tal nombre fueron ficciones. Las pretendidas democracias de todos los tiempos han sido confabulaciones de profesionales para aprovecharse de las masas y excluir a los hombres eminentes. Han sido siempre mediocracias. La premisa de su mentira fue la existencia de un «pueblo» capaz de asumir la soberanía del Estado. No hay tal: las masas de pobres e ignorantes no han tenido, hasta hoy, aptitud para gobernarse: cambiaron de pastores.

Los más grandes teóricos del ideal democrático han sido de hecho individualistas y partidarios de la selección natural: perseguían la aristocracia del mérito contra los privilegios de las castas. La igualdad es un equívoco o una paradoja, según los casos. La democracia ha sido un espejismo, como todas las abstracciones que pueblan la fantasía de los ilusos o forman el capital de los mendaces. El pueblo ha estado ausente de ella.

Las castas aristocráticas no son mejores; en ellas hay, también, crisis de mediocridad y tórnanse mediocracias, Los demócratas persiguen la justicia para todo y se equivocan buscándola en la igualdad; los aristócratas buscan el privilegio para los mejores y acaban por reservarlo a los más ineptos. Aquéllos borran el mérito en la nivelación; éstos lo burlan atribuyéndolo a una clase. Unos y otros son, de hecho, enemigos de toda selección natural. Tanto da que el pueblo sea domesticado por banderías de blasonados o de advenedizos: en ambas están igualmente proscritos la dignidad y los ideales. Así como las tituladas democracias no lo son, las pretendidas aristocracias no pueden serlo. El mérito estorba en las Cortes lo mismo que en las Tabernas.

Toda aristocracia pudo ser selectiva en su origen, suele serlo; es respetable el que inicia con sus méritos una alcurnia o un abolengo. Es evidente la desigualdad humana en cada tiempo y lugar; hay siempre hombres y sombras. Los hombres que guían a las sombras son la aristocracia natural de su tiempo y su derecho es indiscutible. Es justo, porque es natural. En cambio, es ridículo el concepto de las aristocracias tradicionales: conciben la sociedad como un botín reservado a una casta, que usufructúa sus beneficios sin estar compuesta por los mejores hombres de su tiempo. ¿Por qué los deudos, familiares y lacayos de los que fueron otrora los más aptos seguirán participando de un poder que no han contribuido a crear? ¿En nombre de la herencia?

Si las aptitudes se heredan, ese privilegio les resulta inútil y podrían renunciarlo; si no se hereda, es injusto y deben perderlo. Conviene que lo pierdan. Toda nobleza hereditaria es la antítesis de una aristocracia natural; con el andar del tiempo resulta su más vigoroso obstáculo.

El derecho divino que invocan los unos, es mentira; lo mismo que los derechos, del hombre, invocados por los otros.

Aristarcos y demagogos son igualmente mediocres y obstan a la selección de las aptitudes superiores, nivelando toda originalidad, cohibiendo todo ideal.

Una concesión podría hacerse. Los países sin castas aristocráticas son más propicios a la mediocrización; en ellos se constituyen oligarquías de advenedizos, que tienen todos los defectos y las presunciones de la nobleza, sin poseer sus cualidades. En su improvisación fáltales la mentalidad del gran señor, compuesta por atributos que fincan en una cultura de siglos: hay, sin duda, gentes de calidad y hombres que tienen clase, como los caballos de carrera. Son más esquivos al rebajamiento. En sus prejuicios la dignidad puede tener más parte que en los del advenedizo. Es una diferencia que los preserva de muchos envilecimientos. ¿Es preferible obedecer a castas que tienen la rutina del mando o a pandillas minadas por hábitos de servidumbre?

El privilegio tradicional de la sangre irrita a los demócratas y el privilegio numérico del voto repugna a los aristócratas. La cuna dorada no da aptitudes; tampoco las da la urna electoral. La peor manera de combatir la mentira democrática sería aceptar la mentira aristocrática; en los dos casos trátase de idénticas ineptitudes con distinta escarapela. Las masas inferiores —que podrían ser el «pueblo»— y los hombres excelentes de cada sociedad —que son la «aristocracia natural»— suelen permanecer ajenos a su estrategia.

Entre los demócratas embalumados de igualdad caben audaces lacayos que pretenden suplantar a sus amos con la ayuda de turbas fanatizadas; entre los aristócratas enmohecidos de tradición caben vanidosos que ansían reducir a sus sirvientes con la ayuda de los hombres de mérito. La historia se repite siempre: las masas y los idealistas son víctimas propiciatorias en esas disputas entre señores feudales y burgueses de levita.

La degeneración mediocrática, que caracteriza Faguet como un culto de la incompetencia, no depende del régimen político, sino del clima moral de las épocas decadentes. Cura cuando desaparecen sus causas; nunca por reformas legislativas, que es absurdo esperar de los propios beneficiarios. En vano son ensayadas por los tontos o simuladas por los bribones: las leyes no crean un clima. El derecho efectivo es una resultante concreta de la moral.

La apasionada protesta de los idealistas puede ser un grito de alarma, lanzado en la sombra; pero el ensueño de enaltecer una democracia resulta ilusorio en las épocas de domesticidad moral y de hartazgo. Las facciones prefieren escuchar el falso idealismo de sus fetiches envejecidos, como si en viejos odres pudiera contenerse el vino nuevo. Hay que esperar mejores tiempos, sin pesimismos excesivos, con la certidumbre de que la reacción llega inevitablemente a cierta hora: los hombres superiores la esperan custodiando su dignidad y trabajando para su ideal. Cuando la mediocridad agota los últimos recursos de su incompetencia, naufraga. La catástrofe devuelve su rango al mérito y reclama la intervención del genio.

El mismo encallamiento mediocrático contribuye a restaurar, de tiempo en tiempo, las fuerzas vitales de cada civilización. Hay una *vis medicatrix naturae*[14] que corrige el abellacamiento de las naciones: la formación intermitente de sucesivas aristocracias del mérito.

El privilegio desaparece y la dirección moral de la sociedad vuelve a las manos mejores. Se respeta su legitimidad, se enaltecen esas raras cualidades individuales que implican la orientación original hacia ideales nuevos y fecundos. Todo renacimiento se anuncia por el respeto de las diferencias,

14 Capacidad natural de preservación. (N. del E.)

por su culto. La mediocridad calla, impotente; su hostilidad tórnase feble, aunque innúmera. Si tuviera voz rebajaría el mérito mismo, otorgándolo a ras de tierra. De lo útil a todos, no saben decidir los más; nunca fue el rutinario juez del idealista, ni el ignorante del sabio, ni el deshonesto del virtuoso, ni el servil del digno.

Toda excelencia encuentra su juez en sí misma. El mérito de cada uno se aquilata en la opinión de sus iguales.

Hay aristocracia natural cuando el esfuerzo de las mentes más aptas converge a guiar los comunes destinos de la nación. No es prerrogativa de los ingenios más agudos, como querrían algunos, en cuyo oído resuena como un eco esa «aristocracia intelectual», que fue la quimera de Renán. En la aristocracia del mérito corresponde tanta parte a la virtud y al carácter como a la misma inteligencia; de otro modo sería incompleta y su esfuerzo ineficaz.

Un régimen donde el mérito individual fuese estimado por sobre todas las cosas, sería perfecto. Excluiría cualquier influencia numérica u oligarquía. No habría intereses creados. El voto anónimo tendría tan exiguo valor como el blasón fortuito. Los hombres se esforzarían por ser cada vez más desiguales entre sí, prefiriendo cualquier originalidad creadora a la más tradicional de las rutinas.

Sería posible la selección natural y los méritos de cada uno aprovecharían a la sociedad entera. El agradecimiento de los menos útiles estimularía a los favorecidos por la naturaleza. Las sombras respetarían a los hombres. El privilegio se mediría por la eficacia de las aptitudes y se perdería con ellas.

Transparente es, pues, el credo que en política podría sugerirnos el idealismo fundado en la experiencia.

Se opone a la democracia cuantitativa que busca la justicia en la igualdad: afirmando el privilegio en favor del mérito.

Y a la aristocracia oligárquica, que asienta el privilegio en los intereses creados, se opone también: afirmando el mérito como base natural del privilegio.

La aristocracia del mérito es el régimen ideal, frente a las dos mediocracias que ensombrecen la historia. Tiene su fórmula absoluta: «la justicia en la desigualdad».

Capítulo VIII. Los forjadores de ideales

I. El clima del genio

La desigualdad es la fuerza y la esencia de toda selección. No hay dos lirios iguales, ni dos águilas, ni dos orugas, ni dos hombres: todo lo que vive es incesantemente desigual. En cada primavera florecen unos árboles antes que otros, como si fueran preferidos por la Naturaleza que sonríe al Sol fecundante; en ciertas etapas de la historia humana, cuando se plasma un pueblo, se crea un estilo o se formula una doctrina, algunos hombres excepcionales anticipan su visión a la de todos, la concretan en un Ideal y la expresan de tal manera que perdura en los siglos.

Heraldos, la humanidad los escucha; profetas, los cree; capitanes, los sigue; santos, los imita. Llenan una era o señalan una ruta; sembrando algún germen fecundo de nuevas verdades, poniendo su firma en destinos de razas, creando armonías, forjando bellezas. La genialidad es una coincidencia. Surge como chispa luminosa en el punto donde se encuentran las más excelentes aptitudes de un hombre y la necesidad social de aplicarlas al desempeño de una misión trascendental. El hombre extraordinario solo asciende a la genialidad si encuentra clima propicio: la semilla mejor necesita de la tierra más fecunda. La función reclama el órgano: el genio hace actual lo que en su clima es potencial.

Ningún filósofo, estadista, sabio o poeta alcanza la genialidad mientras en su medio se siente exótico o inoportuno; necesita condiciones favorables de tiempo y de lugar para que su aptitud se convierta en función y marque una época en la historia. El ambiente constituye el clima del genio y la oportunidad marca su «hora». Sin ellos, ningún cerebro excepcional puede elevarse a la genialidad; pero el uno y la otra no bastan para crearla.

Nacen muchos ingenios excelentes en cada siglo. Uno entre cien, encuentra tal clima y tal hora que lo destina fatalmente a la culminación: es como si la buena semilla cayera en terreno fértil y en vísperas de lluvias. Ése es el secreto de su gloria: coincidir con la oportunidad que necesita de él. Se entreabre y crece, sintetizando un Ideal implícito en el porvenir inminente o remoto: presintiéndolo, imponiéndolo.

La obra de genio no es fruto exclusivo de la inspiración individual, ni puede mirarse como un feliz accidente que tuerce el curso de la historia; convergen a ello las aptitudes personales y circunstancias infinitas. Cuando una raza, un arte, una ciencia o un credo preparan su advenimiento o pasan por una renovación fundamental, el hombre extraordinario aparece, personificando nuevas orientaciones de los pueblos o de las ideas. Las anuncia como artista o profeta, las desentraña como inventor o filósofo, las emprende como conquistador o estadista. Sus obras le sobreviven y permiten reconocer su huella, a través del tiempo. Es rectilíneo e incontrastable: vuela y vuela, superior a todos los obstáculos, hasta alcanzar la genialidad. Llegando a deshora ese hombre viviría inquieto, luctuante, desorientado; sería siempre intrínsecamente un ingenio, podría llegar al talento si se acomodara a alguna de sus vocaciones adventicias, pero no sería un genio, mientras no le correspondiera ese nombre por la obra realizada. No podría serlo desde que le falta la oportunidad en su ambiente.

Otorgar ese título a cuantos descuellan por determinada aptitud, significa mirar como idénticos a todos los que se elevan sobre la medianía; es tan inexacto como llamar idiotas a todos los hombres inferiores. El genio y el idiota son los términos extremos de la escala infinita. Por haberlo olvidado mueven a reír las estadísticas y las conclusiones de algunos antropólogos. Reservemos el título a pocos elegidos. Son animadores de una época, transfundiéndose algunas veces en su generación y con más frecuencia en las sucesivas, herederas legítimas de sus ideas o de su impulso.

La adulación prodiga a manos llenas el rango de genio a los poderosos; imbéciles hay que se lo otorgan a sí mismos. Hay, sin embargo, una medida para apreciar la genialidad: si es legítima, se reconoce por su obra, honda en su raigambre y vasta en su floración. Si poeta, canta un ideal; si sabio, lo define; si santo, lo enseña; si héroe, lo ejecuta.

Pueden adivinarse en un hombre joven las más conspicuas aptitudes para alcanzar la genialidad; pero es difícil pronosticar si las circunstancias convergerán a que ellas se conviertan en obras. Y, mientras no las vemos, toda apreciación es caprichosa. Por eso, y porque ciertas obras geniales no se realizan en minutos, sino en años, un hombre de genio puede pasar desconocido en su tiempo y ser consagrado por la posteridad. Los contemporáneos no suelen marcar el paso a compás del genio; pero si éste ha cumplido su destino, una nueva generación estará habilitada para comprenderlo.

En vida, muchos hombres de genio son ignorados, proscritos, desestimados o escarnecidos. En la lucha por el éxito pueden triunfar los mediocres, pues se adaptan mejor a las modas ideológicas reinantes; para la gloria solo cuentan las obras inspiradas por un ideal y consolidadas por el tiempo, que es donde triunfan los genios. Su victoria no depende del homenaje transitorio que pueden otorgarle o negarle los demás, sino de su propia capacidad para cumplir su misión. Duran a pesar de todo, aunque Sócrates beba cicuta, Cristo muera en la cruz o Bruno agonice en la hoguera: fueron los órganos vitales de funciones necesarias en la historia de los pueblos o de las doctrinas. Y el genio se conoce por la remota eficacia de su esfuerzo o de su ejemplo, más que por frágiles sanciones de los contemporáneos.

La magnitud de la obra genial se calcula por la vastedad de su horizonte y la extensión de sus aplicaciones. En ello se ha querido fundar cierta jerarquía de los diversos órdenes del genio, considerados como perfeccionamientos extraordinarios del intelecto y de la voluntad.

Ninguna clasificación es justa. Variando el clima y la hora puede ocurrir la aparición de uno u otro orden de genialidad, de acuerdo con la función social que la suscita; y, siendo la más oportuna, es siempre la más fecunda. Conviene renunciar a toda estratificación jerárquica de los genios, afirmando su diferencia y admirándolos por igual: más allá de cierto nivel todas las cumbres son excelsas. Nadie, si no fueran ellos mismos, podría creerse habilitado para decretarles rangos y desniveles. Ellos se despreocupan de estas pequeñeces; el problema es insoluble por definición.

Ni jerarquía ni especies: la genialidad no se clasifica. El hombre que la alcanza es el abanderado de un ideal. Siempre es definitivo: es un hito en la evolución de su pueblo o de su arte. Las historias adocenadas suelen ser crónicas de capitanes y conquistadores; las otras formas de genialidad entran en ellas como simples accidentes. Y no es justo. Homero, Miguel Ángel, Cervantes y Goethe vivieron en sus siglos más altos que los emperadores; por cada uno de ellos se mide la grandeza de su tiempo. Marcan fechas memorables, personificando aspiraciones inmanentes de su clima intelectual. El golpe de ala es tan necesario para sentir o pensar un credo como para predicarlo o ejecutarlo: todo Ideal es una síntesis. Las grandes transmutaciones históricas nacen como videncias líricas de los genios artísticos, se transfunden en la doctrina de los pensadores y se realizan por el esfuerzo de los estadistas; la genialidad deviene función en los pueblos y florece en circunstancias irremovibles, fatalmente.

La exégesis del genio sería enigmática si se limitara a estudiar la biología de los hombres geniales. Ésta solo revela algunos resortes de su aptitud y no siempre evidentes. Algunos pesquisan sus antepasados, remontando si pueden en los siglos, por muchas generaciones, hasta apelmazar un puñado de locos y degenerados, como si en la conjunción de los siete pecados capitales pudiera estallar la chispa que enciende el Ideal de una época. Eso es convertir en doctrina una superchería, dar visos de ciencia a falaces sofismas. Ni, por esto, veremos en ellos simples productos del medio, olvidando sus singulares atributos. Ni lo uno ni lo otro. Si tal hombre nace en tal clima y llega en tal hora oportuna, su aptitud preexistente, apropiada a entrambos, se desenvuelve hasta la genialidad.

El genio es una fuerza que actúa en función del medio.

Probarlo es fácil.

Dos veces la muerte y la gloria se dieron la mano sobre un cadáver argentino. Fue la primera cuando Sarmiento se apagó en el horizonte de la cultura continental; fue la segunda al cegarse en Ameghino las fuentes más hondas de la ciencia nuestra. Pocas tumbas, como las suyas, han visto florecer y entrelazarse a un tiempo mismo el ciprés y el laurel, como si en el parpadeo crepuscular de sus vidas se hubieran encendido lámparas votivas consagradas a la glorificación eterna de su genio.

Merecen tal nombre; cumplieron una función social, realizando obra decisiva y fecunda. Nadie podrá pensar en la educación ni en la cultura de este continente sin evocar el nombre de Sarmiento, su apóstol y sembrador; ni pudo mente alguna comparársele, entre los que le sucedieron en el Gobierno y en la enseñanza. En el desarrollo de las doctrinas evolucionistas marcan un hito las concepciones de Ameghino; será imposible no advertir la huella de sus pasos y quien lo olvide renunciará a conocer muchos dominios de la ciencia explorados por él.

Sarmiento fue el genio pragmático. Ameghino fue el genio revelador.

II. Sarmiento

Sus pensamientos fueron tajos de luz en la penumbra de la barbarie americana, entreabriendo la visión de cosas futuras. Pensaba en tan alto estilo que parecía tener, como Sócrates, algún demonio familiar que alucinara su inspiración. Cíclope en su faena, vivía obsesionado por el afán de educar; esa idea gravitaba en su espíritu como las grandes moles incandescentes en el equilibrio celeste, subordinando a su influencia todas las masas menores de su sistema cósmico.

Tenía la clarividencia del ideal y había elegido sus medios: organizar civilizando, elevar educando. Todas las fuentes fueron escasas para saciar su sed de aprender; todas las inquinas fueron exiguas para cohibir su inquietud de enseñar. Erguido y viril siempre, astabandera de sus propios ideales, siguió las rutas por donde le guiara el destino, previendo que la gloria se incuba en auroras fecundadas por los sueños de los que miran más lejos. América le esperaba. Cuando urge construir o transmutar, fórmase el clima del genio; su hora suena como fatídica invitación a llenar una página de luz. El hombre extraordinario se revela auroralmente, como si obedeciera a una predestinación irrevocable.

Facundo es el clamor de la cultura moderna contra el crepúsculo feudal. Crear una doctrina justa vale ganar una batalla para la verdad; más cuesta presentir un ritmo de civilización que acometer una conquista. Un libro es más que una intención: es un gesto. Todo ideal puede servirse con el verbo profético. La palabra de Sarmiento parece bajar de un Sinaí. Proscrito en Chile, el hombre extraordinario encuadra, por entonces, su espíritu en el doble marco de la cordillera muda y del mar clamoroso.

Llegan hasta él gemidos de pueblos que hinchan de angustia su corazón: parece ensombrecer el ciclo taciturno de su frente, inquietada por un relampagueo de profecías. La pasión enciende las dantescas hornallas en que forja sus páginas y ellas retumban con sonoridad plutoniana en todos los ámbitos de su patria. Para medirse busca al más grande enemigo, Rosas, que era también genial en la barbarie de su medio y de su tiempo: por eso hay ritmos apocalípticos en los apóstrofes de Facundo, asombroso enquiridión que parece un reto de águila, lanzado por sobre las cumbres más conspicuas del planeta.

Su verbo es anatema: tan fuerte es el grito que por momentos, la prosa se enronquece. La vehemencia crea su estilo, tan suyo que, siendo castizo, no parece español. Sacude a todo un continente con la sola fuerza de su pluma, adiamantada por la santificación del peligro y del destierro. Cuando un ideal se plasma en un alto espíritu, bastan gotas de tinta para fijarlo en páginas decisivas; y ellas, como si en cada línea llevasen una chispa de incendio devastador, llegan al corazón de miles de hombres, desorbitan sus rutinas, encienden sus pasiones, polarizan su aptitud hacia el ensueño naciente. La prosa del visionario vive: palpita, agrede, conmueve, derrumba, aniquila. En sus frases diríase que se vuelca el alma de la nación entera, como un alud. Un libro, fruto de imperceptibles vibraciones cerebrales del genio, tórnase tan decisivo para la civilización de una raza como la irrupción tumultuosa de infinitos ejércitos.

Y su verbo es sentencia: queda herida mortalmente una era de barbarie, simbolizada en un nombre propio. El genio se encumbra así para hablar, intérprete de la historia. Sus palabras no admiten rectificación y escapan a la crítica. Los poetas debieran pedir sus ritmos a las mareas del Océano para loar líricamente la perennidad del gesto magnífico: ¡Facundo!

Dijo primero. Hizo después...

La política puso a prueba su firmeza: gran hora fue aquella en que su Ideal se convirtió en acción.

Presidió la República contra la intención de todos: obra de un hado benéfico. Arriba vivió batallando como abajo, siempre agresor y agredido. Cumplía una función histórica. Por eso, como el héroe del romance, su trabajo fue la lucha, su descanso pelear.

Se mantuvo ajeno y superior a todos los partidos, incapaces de contenerlo. Todos lo reclamaban y lo repudiaban alternativamente: ninguno, grande o pequeño, podía ser toda una generación, todo un pueblo, toda una raza, y Sarmiento sintetizaba una era en nuestra latinidad americana. Su acercamiento a las facciones, compuestas por amalgamas de subalternos, tenía reservas y reticencias, simples tanteos hacia un fin claramente previsto, para cuya consecución necesitó ensayar todos los medios. Genio ejecutor, el mundo parecíale pequeño para abarcarlo entre sus brazos; solo pudo ser el suyo el lema inequívoco: «Las cosas hay que hacerlas; mal, pero hacerlas».

Ninguna empresa le pareció indigna de su esfuerzo; en todas llevó como única antorcha su Ideal. Habría preferido morirse de sed antes de abrevarse en el manantial de la rutina. Miguelangelesco escultor de una nueva civilización, tuvo siempre libres las manos para modelar instituciones e ideas, libres de cenáculos y de partidos, libres para golpear tiranías, para aplaudir virtudes, para sembrar verdades a puñados. Entusiasta por la patria, cuya grandeza supo mirar como la de una propia hija, fue también despiadado con sus vicios, cauterizándolos con la benéfica crueldad de un cirujano.

La unidad de su obra es profunda y absoluta, no obstante las múltiples contradicciones nacidas por el contraste de su conducta con las oscilaciones circunstanciales de su medio. Entre alternativas extremas, Sarmiento conservó la línea de su carácter hasta la muerte. Su madurez siguió la orientación de su juventud; llegó a los ochenta años perfeccionando las originalidades que había adquirido a los treinta. Se equivocó innumerables veces, tantas como solo puede concebirse en un hombre que vivió pensando siempre. Cambió mil veces de opinión en los detalles, porque nunca dejó de vivir; pero jamás desvió la pupila de lo que era esencial en su función. Su espíritu salvaje y divino parpadeaba como un faro, con alternativas perturbadoras. Era un mundo que se oscurecía y se alumbraba sin sosiego: incesante sucesión de amaneceres y de crepúsculos fundidos en el todo uniforme del tiempo. En ciertas épocas pareció nacer de nuevo con cada aurora; pero supo oscilar hasta lo infinito sin dejar nunca de ser el mismo.

Miró siempre hacia el porvenir, como si el pasado hubiera muerto a su espalda; el ayer no existía, para él, frente al mañana. Los hombres y pueblos en decadencia viven acordándose de dónde vienen; los hombres geniales y los pueblos fuertes solo necesitan saber dónde van. Vivió inventando doctrinas o forjando instituciones, creando siempre, en continuo derroche de imaginación creadora. Nunca tuvo paciencias resignadas, ni esa imitativa mansedumbre del que se acomoda a las circunstancias para vegetar tranquilamente. La adaptación es mediocrizadora; rebaja al individuo a los modos de pensar y sentir que son comunes a la masa, borrando sus rasgos propiamente personales. Pocos hombres, al finalizar su vida, se libran de ella; muchos suelen ceder cuando los resortes del espíritu sienten la herrumbre de la vejez. Sarmiento fue una excepción. Había nacido «así» y quiso vivir como era, sin desteñirse en el semitono de los demás.

A los setenta años tocóle ser abanderado en la última guerra civil movida por el espíritu colonial contra la afirmación de los ideales argentinos: en *La Escuela Ultrapampeana*, escrita a zarpazos, se cierra el ciclo del pensamiento civilizador iniciado con Facundo. En esas horas crueles, cuando los fanáticos y los mercaderes le agredían para desbaratar sus ideales de cultura laica y científica, en vano habría intentado Sarmiento rebelarse a su destino. Una fatalidad incontrastable le había elegido portavoz de su tiempo, hostigándole a perseverar sin tregua hasta el borde mismo de la tumba. En pleno arreciar de la vejez siguió pensando por sí mismo, siempre alerta para abalanzarse contra los que desplumaban el ala de sus grandes ensueños: habría osado desmantelar la tumba más gloriosa si hubiera entrevisto la esperanza de que algo resucitaría de entre las cenizas.

Había gestos de águila prisionera en los desequilibrios de Sarmiento. Fue «inactual» en su medio; el genio importa siempre una anticipación. Su originalidad pareció rayana en desvarío. Hubo, ciertamente, en él un desequilibrio: mas no era intrínseco en su personalidad, sino extrínseco, entre ella y su medio. Su inquietud no era inconstancia, su labor no era agitación. Su genio era una suprema cordura en todo lo que a sus ideales tocaba; parecía lo contrario por contraste con la niebla de mediocridad que le circuía.

Tenía los descompaginamientos que la vida moderna hace sufrir a todos los caracteres militares; pero la revelación más indudable de su genialidad está en la eficacia de su obra, a pesar de los aparentes desequilibrios. Personificó la más grande lucha entre el pasado y el porvenir del continente, asumiendo con exceso la responsabilidad de su destino. Nada le perdonaron los enemigos del Ideal que él representaba; todo le exigieron los partidarios. El mayor equilibrio posible en el hombre común es exiguo comparado con el que necesita tener el genio: aquél soporta un trabajo igual a uno y éste lo emprende equivalente a mil. Para ello necesita una rara firmeza y una absoluta precisión ejecutiva. Donde los otros se apunan, los genios trepan; cobran mayor pujanza cuando arrecian las borrascas; parecen águilas planeantes en su atmósfera natural.

La incomprensión de estos detalles ha hecho que en todo tiempo se atribuyera a insania la genialidad de tales hombres, concretándose al fin la consabida hipótesis de su parentesco con la locura, cómoda de aplicar a cuantos se elevan sobre los comunes procesos del raciocinio rutinario y la actividad doméstica. Pero se olvida que inadaptado no quiere decir alienado; el genio no podría consistir en adaptarse a la mediocridad.

El culto de lo acomodaticio y lo convencional, halagador para los sujetos insignificantes, implica presentar a los grandes creadores como predestinados a la generación o al manicomio. Es falso que el talento y el genio pueblen los asilos; si enloquecen, por acaso, diez hombres excelentes, encuéntrase a su lado un millón de espíritus vulgares: los alienistas estudiarán la biografía de los diez e ignorarán la del millón. Y para enriquecer sus catálogos de genios enfermos incluirán en sus listas a hombres ingeniosos, cuando no a simples desequilibrados intelectuales que son «imbéciles con la librea del genio».

Los hombres como Sarmiento pueden caldearse por la excesiva función que desempeñan; los ignorantes confunden su pasión con la locura. Pero juzgados en la evolución de las razas y de los grupos sociales, ellos culminan como casos de perfeccionamiento activo, en beneficio de la civilización y de la especie. El devenir humano solo aprovecha de los originales. El desenvolvimiento de una personalidad genial importa una variación sobre los caracteres adquiridos por el grupo; ella incuba nuevas y distintas energías, que son el comienzo de líneas de divergencia, fuerzas de selección natural. La desarmonía de un Sarmiento es un progreso, sus discordancias son rebeliones a las rutinas, a los prejuicios, a las domesticidades.

Locura implica siempre disgregación, desequilibrio, solución de continuidad; con breve razonamiento, refutó Bovio el celebrado sofisma. El genio se abstrae; el alienado se distrae. La abstracción ausenta de los demás, la distracción ausenta de sí mismo. Cada proceso ideativo es una serie; en cada serie hay un término medio y un proceso lógico; entre las diversas series hay saltos y faltan los términos medios. El genio, moviéndose recto y rápido dentro de una misma serie, abrevia los términos medios y descubre la reacción lejana; el loco, saltando de una serie a otra, privado de términos medios, disparata en vez de razonar, ésa es la aparente analogía entre genio y locura; parece que en el movimiento de ambos faltaran los términos medios; pero, en rigor, el genio vuela, el loco salta. El uno sobrentiende muchos términos medios, el otro no ve ninguno. En el genio, el espíritu se ausenta de los demás; en la locura, se ausenta de sí mismo. «La sublime locura del genio es, pues, relativa al vulgo; éste, frente al genio, no es cuerdo ni loco: es simplemente la mediocridad, es decir, la media lógica, la media alma, el medio carácter, la religiosidad convencional, la moralidad acomodaticia, la politiquería menuda, el idioma usual, la nulidad de estilo.»

La ingenuidad de los ignorantes tiene parte decisiva en la confusión. Ellos acogen con facilidad la insidia de los envidiosos y proclaman locos a los hombres mejores de su tiempo. Algunos se libran de este marbete: son aquellos cuya genialidad es discutible, concediéndoseles apenas algún talento especial en grado excelso. No así los indiscutidos, que viven en brega perpetua, como Sarmiento. Cuando empezó a envejecer, sus propios adversarios aprendieron a tolerarlo, aunque sin el gesto magnánimo de una admiración agradecida. Le siguieron llamando «el loco Sarmiento».

¡El loco Sarmiento! Esas palabras enseñan más que cien libros sobre la fragilidad del juicio social. Cabe desconfiar de los diagnósticos formuladas por los contemporáneos sobre los hombres que no se avienen a marcar el paso en las filas; las medianías, sorprendidas por resplandores inusitados, solo atinan a justificarse, frente a ellos, recurriendo a epítetos despectivos. Conviene confesar esa gran culpa: ningún americano ilustre sufrió más burlas de sus conciudadanos. No hay vocablo injurioso que no haya sido empleado contra él; era tan grande que no bastó el diccionario entero para difamarle ante la posteridad. Las retortas de la envidia destilaron las más exquisitas quintaesencias; conoció todas las oblicuidades de los astutos y todos los soslayos de los impotentes. La caricatura le mordió hasta sangrar, como a ningún otro: el lápiz tuvo, vuelta a vuelta, firmeza de estilete y matices de ponzoña. Como las serpientes que estrangulan a Laocoonte en la obra maestra del Beldever, mil tentáculos subalternos y anónimos acosaron su titánica personalidad, robustecida por la brega.

Los espíritus vulgares ceñían a Sarmiento por todas partes, con la fuerza del número, irresponsables ante el porvenir. Y él marchaba sin contar los enemigos, desbordante y hostil, ebrio de batallar en una atmósfera grávida de tempestades, sembrando a todos los vientos, en todas las horas, en todos los surcos. Despreciaba el motejo de los que no le comprendían; la videncia del juicio póstumo era el único lenitivo a las heridas que sus contemporáneos le prodigaban. Su vida fue un perpetuo florecimiento de esperanzas en un matorral de espinas.

Para conservar intactos sus atributos, el genio necesita períodos de recogimiento; el contacto prolongado con la mediocridad despunta las ideas originales y corroe los caracteres más adamantinos. Por eso, con frecuencia, toda superioridad es un destierro. Los grandes pensadores tórnanse solitarios; aparecen proscritos en su propio medio. Se mezclan a él para combatir o predicar, un tanto excéntricos cuando no hostiles, sin entregarse nunca totalmente a gobernantes ni a multitudes. Muchos ingenios eminentes arrollados por la marea colectiva, pierden o atenúan su originalidad, empañados por la sugestión del medio; los prejuicios, más arraigados en el individuo, subsisten y prosperan; las ideas nuevas, por ser adquisiciones personales de reciente formación, se marchitan. Para defender sus frondas más tiernas el genio busca aislamientos parciales en sus invernáculos propios. Si no quiere nivelarse demasiado necesita, de tiempo en tiempo, mirarse por dentro, sin que esta defensa de su originalidad equivalga a una misantropía. Lleva consigo las palpitaciones de una época o de una generación, que son su finalidad y su fuerza: cuando se retira se encumbra. Desde su cima formula con firme claridad aquel sentimiento, doctrina o esperanza que en todos se incuba sordamente. En él adquieren claridad meridiana los confusos rumores que serpentean en la inconsciencia de sus contemporáneos. Tal, más que en ningún otro genio de la historia, se plasmó en Sarmiento el concepto de la civilización de su raza, en la hora que preludiaba el surgir de nacionalidades nuevas entre el caos de la barbarie. Para pensar mejor, Sarmiento vivió solo entre muchos, ora expatriado, ora proscrito dentro de su país, europeo entre argentinos y argentino en el extranjero, provinciano entre porteños y porteño entre provincianos. Dijo Leonardo que es destino de los hombres de genio estar ausentes en todas partes.

Viven más alto y fuera del torbellino común, desconcertando a sus contemporáneos. Son inquietos: la gloria y el reposo nunca fueron compatibles. Son apasionados: disipan los obstáculos como los primeros rayos del Sol licúan la nieve caída en una noche primaveral. En la adversidad no flaquean: redoblan su pujanza, se aleccionan. Y siguen tras su Ideal, afligiendo a unos, compadeciendo a otros, adelantándose a todos, sin rendirse, tenaces como si fuera lema suyo el viejo adagio: solo está vencido el que confiesa estarlo. En eso finca su genialidad, ésa es la locura divina que Erasmo elogió en páginas imperecederas y que la mediocridad enrostró al gran varón que honra a todo un continente. Sarmiento parecía agigantarse bajo el filo de las hachas.

III. Ameghino

Su pupila supo ver en la noche, antes de que amaneciera para todos. Reveló y creó: fue su misión. Lo mismo que Sarmiento, llegó Ameghino en su clima y a su hora. Por singular coincidencia ambos fueron maestros de escuela, autodidactos, sin título universitario, formados fuera de la urbe metropolitana, en contacto inmediato con la naturaleza, ajenos a todos los alambicamientos exteriores de la mentira mundana, con las manos libres, la cabeza libre, el corazón libre, las alas libres. Diríase que el genio florece mejor en las regiones solitarias, acariciado por las tormentas, que son su atmósfera propia; se agosta en los invernáculos del Estado, en sus universidades domesticadas, en sus laboratorios bien rentados, en sus academias fósiles y en su funcionamiento jerárquico. Fáltale allí el aire libre y la plena luz que solo da la naturaleza: el encebadamiento precoz enmohece los resortes de la imaginación creadora y despunta las mejores originalidades. El genio nunca ha sido una institución oficial.

La vasta obra de Ameghino, en nuestro continente y en nuestra época, tiene los caracteres de un fenómeno natural. ¿Por qué un hombre, en Luján, da por juntar huesos de fósiles y los baraja entre sus dedos, como un naipe compuesto con millares de siglos, y acaba por pedir a esos mudos testigos la historia de la tierra, de la vida, del hombre, como si obrara por predestinación o por fatalidad?

Tenía que ser un genio argentino, porque ningún otro punto de la superficie terrestre contiene una fauna fósil comparable a la nuestra; tenía que ser en nuestro siglo, porque le habría faltado el asidero de las doctrinas evolucionistas que sirven de fundamento; no podía ser antes de ahora, porque el clima intelectual del país no fue propicio a ello hasta que lo fecundó el apostolado de Sarmiento y tenía que ser Ameghino, y ningún otro hombre de su tiempo. ¿Cuál otro reunía en tal alto grado su aptitud para la observación y la hipótesis, su resistencia para el enorme esfuerzo prolongado durante tantos años, su desinterés por todas las vanidades que hacen del hombre un funcionamiento, pero matan al pensador?

Ninguna convergencia de rutinas detiene al genio en su oportunidad. Aunque son fuerzas todopoderosas, porque obran continua y sordamente, el genio las domina: antes o después, pero en dominarlas radica la realización de su obra. Las resistencias, que desalientan al mediocre, son su estímulo; crece a la sombra de la envidia ajena. La sociedad puede conspirar contra él, acumulando en su contra la detracción y el silencio. Sigue su camino, lucha, sin caer, sin extraviarse, dionisiacamente seguro. El genio, por su definición, no fracasa nunca. El que ha creado no es genio, no llegó a serlo, fue una ilusión disipada. No quiere esto decir que viva del éxito, sino que su marcha hacia la gloria es fatal, a pesar de todos los contrastes. El que se detiene prueba impotencia para marchar. Algunas veces el hombre genial vacila y se interroga ansiosamente sobre su propio destino: cuando muerden su talón los envidiosos o cuando le adulan los hipócritas. Pero en dos circunstancias se ilumina o se desencadena: en la hora de la inspiración y en la hora de la diatriba. Cuando descubre una verdad parece que en sus pupilas brillara una luz eterna; cuando amonesta a los envilecidos diríase que refulge en su frente la soberanía de una generación.

Firme y serena voluntad necesitó Ameghino para cumplir su función genial. Sin saberlo y sin quererlo nadie crea cosas que valgan o duren. La imaginación no basta para dar vida a la obra: la voluntad la engendra. En este sentido y en ningún otro el desarrollo de la aptitud nativa requiere «una larga paciencia» para que el ingenio se convierta en talento o se encumbre en genialidad. Por eso los hombres excepcionales tienen un valor moral y son algo más que objetos de curiosidad: merecen la admiración que se les profesa. Si su aptitud es un don de la naturaleza, desarrollarla implica un esfuerzo ejemplar. Por más que sus gérmenes sean instintivos e inconscientes, las obras no se hacen solas. El tiempo es aliado del genio; el trabajo completa las iniciativas de la inspiración. Los que han sentido el esfuerzo de crear, saben lo que cuesta. Determinado el Ideal, hay que realizarlo: en la raza, en la ley, en el mármol, en el libro. La magnitud de la tarea explica por qué, habiendo tantos ingenios, es tan escaso el número de obras maestras. Si la imaginación creadora es necesaria para concebirlas, requiérese para ejecutarlas otra rara virtud: la virtud tenaz que Newton bautizó como simple paciencia, sin medir los absurdos corolarios de su apotegma.

No diremos, pues, que la imaginación es superflua y secundaria, atribuyendo el genio a lo que fue virtud de bueyes en el simbolismo mitológico. No. Sin aptitudes extraordinarias, la paciencia no produce un Ameghino. Un imbécil, en cincuenta años de constancia, solo conseguirá fosilizar su imbecilidad. El hombre de genio, en el tiempo que dura un relámpago, define su Ideal; después, toda su vida, marcha tras él, persiguiendo la quimera entrevista.

Las aptitudes esenciales son nativas y espontáneas; en Ameghino se revelaron por una precocidad de «ingenio» anterior a toda experiencia. Eso no significa que todos los precoces puedan llegar a la genialidad, ni siquiera al talento. Muchos son desequilibrados y suelen agotarse en plena primavera; pocos perfeccionan sus aptitudes hasta convertirlas en talento; rara vez coinciden con la hora propicia y ascienden a la genialidad. Solo es genio quien las convierte en obra luminosa, con esa fecundidad superior que implica alguna madurez; los más bellos dones requieren ser cultivados, como las tierras más fértiles necesitan ararse. Estériles resultan los espíritus brillantes que desdeñan todo esfuerzo, tan absolutamente estériles como los imbéciles laboriosos; no da cosecha el campo fértil no trabajado, ni las da el campo estéril por más que se are.

Ése es el profundo sentido moral de la paradoja que identifica el genio con la paciencia, aunque sean inadmisibles sus corolarios absurdos. La misma significación originaria de la palabra genio presupone algo como una inspiración trascendental. Todo lo que huele a cansancio, no siendo fatiga de vuelo alígero, es la antítesis del genio. Solamente puede acordarse el supremo homenaje de este título a aquel cuyas obras denuncian menos el esfuerzo del amanuense que una especie de don imprevisto y gratuito, algo que opera sin que él lo sepa, por lo menos con una fuerza y un resultado que exceden a sus intenciones o fatigas. Para griegos y latinos, «genio» quería decir «dominio»; era aquel espíritu que acompaña, guía o inspira a cada hombre desde la cuna hasta la tumba. Sócrates tuvo el más famoso. Con la acepción que hoy se da, universalmente, a la palabra «genio» los antiguos no tuvieron ninguna; para expresarla anteponían al sustantivo «ingenio» un adjetivo que expresara su grandeza o culminación.

No es lícito denominar genios a todos los hombres superiores. Hay tipos intermediarios. Los modernos distinguen al hombre de genio del hombre de talento, pero olvidan la aptitud inicial de ambos: el ingenio, es decir, una capacidad superior a la mediana. Presenta una gradación infinita, y cada uno de sus grados es susceptible de educarse ilimitadamente. Permanece estéril y desorganizado en los más, sin implicar siquiera talento. Este último es una perfección alcanzada por pocos, una originalidad particular, una síntesis de coordinación, culminante y excelsa, sin ser por eso equivalente al genio. Rara vez la máxima intensificación del ingenio crea, presagia, realiza o inventa; solo entonces adquiere significación social y asciende a la genialidad, como en el caso de Ameghino. La especie, con ser exigua, representa infinitas variedades: tantas, casi, como ejemplares.

Habría ligereza de método y de doctrina en no distinguir entre las mentes superiores, a punto de catalogar como genios a muchos hombres de talento y aun a ciertos ingenios desequilibrados, que son su caricatura. Ensayó Nordau una discreta diferenciación de tipos. Llama genio al hombre que crea nuevas formas de actividad no emprendidas antes por otros o desarrolla de un modo enteramente propio y personal actividades ya conocidas; y talento al que practica formas de actividad, general o frecuentemente practicadas por otros, mejor que la mayoría de los que cultivan esas mismas aptitudes. Este juicio diferencial es discreto, pues toma en cuenta la obra realizada y la aptitud del que la realiza. El hombre de ingenio implica un desarrollo orgánico primitivamente superior; el hombre de talento adquiere por el ejercicio una integral excelencia de ciertas disposiciones que en su ambiente posee la mayoría de los sujetos normales. ¿Entre la inteligencia y el talento solo hay una diferencia cuantitativa, que es cualitativa entre el talento y el genio?

No es así, aunque parezca. El talento implica, en algún sentido, cierta aptitud inicial verdaderamente superior, que la educación hace culminar en su propio género. De entre esas mentes preclaras, algunas llegarán a la genialidad si lo determinan circunstancias extrínsecas: su obra revelará si tuvieron funciones decisivas en la vida o en la cultura de su pueblo.

Genio y talento colaboran por igual al progreso humano. Su labor se integra. Se complementan como la hélice y el timón: el talento trepana sin sosiego las olas inquietas y el genio marca el rumbo hacia imprevistos horizontes.

La obra de Ameghino es creadora: eso la caracteriza. Una inmensa fauna paleontológica permanecía en el misterio antes de que él la revelara a la ciencia moderna y formulase una teoría general para explicar sus emigraciones en los siglos remotos. Crear es inventar, como lo expresó Voltaire. El genio revélase por una aptitud inventiva o creadora aplicada a cosas vastas o difíciles. En la vida social, en las ciencias, en las artes, en las virtudes, en todo, se manifiesta con anticipaciones audaces, con una facilidad espontánea para salvar los obstáculos entre las cosas y las ideas, con una firme seguridad para no desviarse de su camino. En ciertos caos descubre lo nuevo; en otros acerca lo remoto y percibe relaciones entre las cosas distantes, según lo definió Ampére. No consiste simplemente en inventar o descubrir: las invenciones que se producen por casualidad, sin ser expresamente pensadas, no requieren aptitudes geniales. El genio descubre lo que escapa a la reflexión de siglos o generaciones, induce leyes que expresan una relación inesperada entre las cosas, señala puntos que sirven de centro a mil desarrollos y abre caminos en la infinita exploración de la naturaleza.

¿En qué consiste, entonces? ¿No es soplo divino, no es demonio, no es enfermedad? Nunca. Es más sencillo y más excepcional a la vez. Más sencillo, porque depende de una complicada estructura del cerebro y no de entidades fantásticas; más excepcional, porque el mundo pulula de enfermos y rara vez se anuncia un Ameghino.

Cuanto mejor cerebrado está el hombre, tanto más alta y significativa es su función de pensar. Ignórase todavía el mecanismo íntimo de los procesos intelectuales superiores. Los acompañan, sin duda, modificaciones de las células nerviosas: cambios de posición y permutas químicas muy complicadas. Para comprenderlas deberían conocerse las actividades moleculares y sus variables relaciones, además de la histología exacta y completa de los centros cerebrales. Esto no basta: son enigmas la naturaleza de la actividad nerviosa, las transformaciones de energía que determina en el momento que nace, durante el tiempo que se propaga y mientras se producen los fenómenos que acompañan la complejísima función de pensar. Los conocimientos científicos distan de ese límite. Sin embargo, mientras la química y la fisiología permitan acercarse al fin, existe ya la certidumbre de que ésa, y ninguna otra, es la vía para explicar las aptitudes supremas de un genio en función de su medio.

Nacemos diferentes; hay una variadísima escala desde el idiota hasta el genio. Se nace en una zona de ese espectro, con aptitudes subordinadas a la estructura y la coordinación de las células que intervienen en la elaboración del pensamiento; la herencia concurre a dar un sistema nervioso, agudo u obtuso, según los casos. La educación puede perfeccionar esas capacidades o aptitudes cuando existen; no puede crearlas cuando faltan: Salamanca no las presta.

Cada uno tiene la sensibilidad propia de su perfeccionamiento nervioso; los sentidos son la base de la memoria, de la asociación, de la imaginación; de todo. Es el oído lo que hace el músico; el ojo lleva la mano del pintor. El poder concebir está subordinado al de percibir: cada hombre tiene la memoria y la imaginación que corresponde a sus percepciones predominantes. La memoria no hace al genio, aunque no le estorba; pero ella, y el razonamiento a sus datos, no crean nada superior a lo real que percibimos. La fecundidad creadora requiere el concurso de la imaginación, elemento necesario para sobreponer a la realidad algún Ideal. Cuando, pues, se define el genio como «un grado exquisito de sensibilidad nerviosa», se enuncia la más importante de sus condiciones; pero la definición es incompleta. La sensibilidad es el complejo instrumento puesto al servicio de las aptitudes imaginativas, aunque éstas, en último análisis, no han podido formarse sino sobre datos de la misma sensibilidad.

En los genios estéticos es evidente la superintendencia de la imaginación sobre los sentidos: no lo es menos en los genios especulativos como Ameghino, y en los genios pragmáticos, como Sarmiento. Gracias a ella se conciben los problemas, se adivinan las soluciones, se inventan las hipótesis, se plantean las experiencias, se multiplican las combinaciones. Hay imaginación en la paleontología de Ameghino, como la hay en la física de Ampére y en la cosmología de Laplace; y la hay en la visión civilizadora de Sarmiento, como en la política de César o en la de Richelieu. Todo lo que lleva la marca del genio es obra de la imaginación, ya sea un capítulo del Quijote o un pararrayos de Franklin; no digamos de los sistemas filosóficos, tan absolutamente imaginativos como las creaciones artísticas. Más aún: muchos son poemas, y su valor suele medirse por la imaginación de sus creadores.

En toda la gestión de su doctrina, la genialidad de Ameghino se traduce por una absoluta unidad y continuidad del esfuerzo, que es la antítesis de la locura. También a él le supusieron loco, sobre todo en su juventud. Con bonhomía risueña recordaba las burlas de vecinos y niños de su escuela, cuando le veían dirigirse, azada al hombro, hacia las márgenes del Luján; para esas mentes sencillas tenía que estar loco ese maestro que pasaba días enteros cavando la tierra y desenterrando huesos de animales extraños, como si algún delirio le transformara en sepulturero de edades extinguidas. Cambiando de ambientes sin asimilarse a ninguno, consiguió pasar más desapercibido y atenuar su reputación de inadaptado.

Basta leer su inmensa obra —centenares de monografías y volúmenes— para comprender que solo presenta los desequilibrios inherentes a su exuberancia. Sus descubrimientos, grandes y útiles, nunca fueron adivinados al acaso ni en la inconsciencia, sino por una vasta elaboración; no fueron frutos de un cerebro carcomido por la herencia o los tóxicos, sino de engranajes perfectamente entrenados; no ocurrencias, sino cosechas de siembras previas; jamás casualidades, sino claramente previstos y anunciados.

El genio es una alta armonía; necesita serlo. Es absurdo suponer caídos bajo el nivel común a esos mismos que la admiración de los siglos coloca por encima de todos. Las obras geniales solo pueden ser realizadas por cerebros mejores que los demás; el proceso de la creación, aunque tenga fases inconscientes, sería imposible sin una clarividencia de su finalidad. Antes que improvisarse en horas de ocio, opérase tras largas meditaciones y es oportuno, llegando a tiempo de servir como premisa o punto de partida para nuevas doctrinas y corolarios. Nunca tal equilibrio de la obra genial será más evidente que en la de Ameghino: si hubiéramos de juzgar por ella, el genio se nos presentaría como una tendencia al sistemático equilibrio entre las partes de un nuevo estilo arquitectónico.

Esto no excluye que la degeneración y la locura puedan coexistir con la imaginación creadora, afectando especiales dominios de la mente humana; pero la capacidad para la síntesis más vasta no necesita ser desequilibrio ni enfermedad. Ningún genio lo fue por su locura; algunos como Rousseau, lo fueron a pesar de ella; muchos, como Nietzsche, fueron por la enfermedad sumergidos en la sombra.

Ameghino, a la par de todos los que piensan mucho e intensamente, se contradijo muchas veces en los detalles, aunque sin perder nunca el sentido de su orientación global. Cuando las circunstancias convengan a ello, el genio especulativo nace recto desde su origen, como un rayo de luz que nada tuerce o apaga. Basta oírlo para reconocerlo: todas sus palabras concurren a explicar un mismo pensamiento, a través de cien contradicciones en los detalles y de mil alternativas en la trayectoria; parecen tanteos para cerciorarse mejor del camino, sin romper la coherencia de la obra total; esa armonía de la síntesis que escapa a los espíritus subalternos. Ameghino converge a un fin por todos los senderos; nada le desvía. Mira alto y lejos, va derechamente, sin las prudencias que traban el paso a las medianías, sin detenerse ante los mil interrogantes que de todas partes la acosan para distraerle de la Verdad que le entreabre algún pliegue de sus velos.

La verdadera contradicción, la que esteriliza el esfuerzo y el pensamiento, reside en la deshilvanada heterogeneidad que empalaga las obras de los mediocres. Viven éstos con la pesadilla del juicio ajeno y hablan con énfasis para que muchos les escuchen aunque no les entiendan; en su cerebro anidan todas las ortodoxias, no atreviéndose a bostezar sin metrónomo. Se contradicen forzados por las circunstancias: los rutinarios serían supremas lumbreras si éstas se juzgaran por la simple incongruencia. Para señalar el punto de intersección entre dos teorías, dos creencias, dos épocas o dos generaciones, requiérese un supremo equilibrio. En las pequeñas contingencias de la vida ordinaria, el hombre vulgar puede ser más astuto y hábil; pero en las grandes horas de la evolución intelectual y social todo debe esperarse del genio. Y solamente de él.

Sería absurdo decir que la genialidad es infalible, no existiendo verdades imperfectibles; cien rectificaciones podrán hacerse en la obra de Ameghino, y muy especialmente en sus hipótesis sobre el sitio de origen de la especie humana. Los genios pueden equivocarse, suelen equivocarse, conviene que se equivoquen. Sus creaciones falsas resultan utilísimas por las correcciones que provocan, las investigaciones que estimulan, las pasiones que encienden, las inercias que remueven. Los hombres mediocres se equivocan de vulgar manera; el genio, aun cuando se desploma, enciende una chispa, y en su fugaz alumbramiento se entrevé alguna cosa o verdad no sospechada antes. No es menos grande Platón por sus errores ni lo son por ello Shakespeare o Kant. En los genios que se equivocan hay una viril firmeza que a todos impone respeto. Mientras los contemporizadores ambiguos no despiertan grandes admiraciones, los hombres firmes obligan el homenaje de sus propios adversarios. Hay más valor moral en creer firmemente una ilusión propia, que en aceptar tibiamente una mentira ajena.

IV. La moral del genio

El genio es excelente por su moral, o no es genio. Pero su moralidad no puede medirse con preceptos corrientes en los catecismos; nadie mediría la altura del Himalaya con cintas métricas de bolsillo. La conducta del genio es inflexible respecto de sus ideales. Si busca la Verdad, todo lo sacrifica a ella. Si la Belleza, nada le desvía. Si el Bien, va recto y seguro por sobre todas las tentaciones. Y si es un genio universal, poliédrico, lo verdadero, lo bello y lo bueno se unifican en su ética ejemplar, que es un culto simultáneo por todas las excelencias, por todas las idealidades. Como fue en Leonardo y en Goethe.

Por eso es raro. Excluye toda inconsecuencia respecto del ideal: la moralidad para consigo mismo es la negación del genio. Por ella se descubren los desequilibrados, los exitistas y los simuladores. El genio ignora las artes del escalamiento y las industrias de la prosperidad material. En la ciencia busca la verdad, tal como la concibe; ese afán le basta para vivir. Nunca tiene alma de funcionario. Sobrelleva, sin vender sus libros a los Gobiernos, sin vivir de favores ni de prebendas, ignorando esa técnica de los falsos genios oficiales que simulan el mérito para medrar a la sombra del Estado. Vive como es, buscando la Verdad y decidido a no torcer un milésimo de ella. El que pueda domesticar sus convicciones no es, no puede ser, nunca, absolutamente, un hombre genial.

Ni lo es tampoco el que concibe un bien y no lo practica. Sin unidad moral no hay genio. El que predica la verdad y transige con la mentira, el que predica la justicia y no es justo, el que predica la piedad y es cruel, el que predica la lealtad y traiciona, el que predica el patriotismo y lo explota, el que predica el carácter y es servil, el que predica la dignidad y se arrastra, todo el que usa dobleces, intrigas, humillaciones, esos mil instrumentos incompatibles con la visión de un ideal, ése no es genio, está fuera de la santidad: su voz se apaga sin eco, no repercute en el tiempo, como si resonara en el vacío.

El portador de un ideal va por caminos rectos, sin reparar que sean ásperos y abruptos. No transige nunca movido por vil interés; repudia el mal cuando concibe el bien; ignora la duplicidad; ama en la Patria a todos sus conciudadanos y siente vibrar en la propia el alma de toda la Humanidad; tiene sinceridades que dan escalofríos a los hipócritas de su tiempo y dice la verdad en tal personal estilo que solo puede ser palabra suya; tolera en los demás errores sinceros, recordando los propios; se encrespa ante las bajezas, pronunciando palabras que tienen ritmos de apocalipsis y eficacia de catapulta; cree en sí mismo y en sus ideales, sin pactar con los prejuicios y los dogmas de cuántos le acosan con furor, de todos los costados. Tal es la culminante moralidad del genio. Cultiva en grado sumo las más altas virtudes, sin preocuparse de carpir en la selva magnífica las malezas que concentran la preocupación de los espíritus vulgares.

Los genios amplían su sensibilidad en la proporción que elevan su inteligencia; pueden subordinar los pequeños sentimientos a los grandes, los cercanos a los remotos, los concretos a los abstractos. Entonces los hombres de miras estrechas los suponen desamorizados, apáticos, escépticos. Y se equivocan. Sienten, mejor que todos, lo humano. El mediocre limita su horizonte afectivo a sí mismo, a su familia, a su camarilla, a su facción; pero no sabe extenderlo hasta la Verdad o la Humanidad, que solo pueden apasionar al genio. Muchos hombres darían su vida por defender a su secta; son raros los que se han inmolado conscientemente por una doctrina o por un ideal.

La fe es la fuerza del genio. Para imantar a una era necesita amar su Ideal y transformarlo en pasión; «Golpea tu corazón, que en él está tu genio», escribió Stuart Mill, antes que Nietzsche. La intensa cultura no entibia a los visionarios: su vida entera es una fe en acción. Saben que los caminos más escarpados llevan más alto. Nada emprenden que no estén decididos a concluir. Las resistencias son espolazos que los incitan a perseverar; aunque nubarrones de escepticismo ensombrezcan su cielo, son, en definitiva, optimistas y creyentes: cuando sonríen, fácilmente se adivina el ascua crepitante bajo su ironía. Mientras el hombre sin ideales ríndese en la primera escaramuza, el genio se apodera del obstáculo, lo provoca, lo cultiva, como si en él pusiera su orgullo y su gloria: con igual vehemencia la llama acosa al objeto que la obstruye, hasta encenderlo, para agrandarse a sí misma.

La fe es la antítesis del fanatismo. La firmeza del genio es una suprema dignidad del propio Ideal; la falta de creencias sólidamente cimentadas convierte al mediocre en fanático. La fe se confirma en el choque con las opiniones contrarias; el fanatismo teme vacilar ante ellas e intenta ahogarlas. Mientras agonizan sus viejas creencias, Saúl persigue a los cristianos, con saña proporcionada a su fanatismo; pero cuando el nuevo credo se afirma en Pablo, la fe le alienta, infinita: enseña y no persigue, predica y no amordaza. Muere él por su fe, pero no mata; fanático, habría vivido para matar. La fe es tolerante: respeta las creencias propias en las ajenas. Es simple confianza en un Ideal y en la suficiencia de las propias fuerzas; los hombres de genio se mantienen creyentes y firmes en sus doctrinas, mejor que si éstas fueran dogmas o mandamientos. Permanecen libres de las supersticiones vulgares y con frecuencia las combaten: por eso los fanáticos les suponen incrédulos, confundiendo su horror a la común mentira con falta de entusiasmo por el propio Ideal. Todas las religiones reveladas pueden permanecer ajenas a la fe del hombre virtuoso. Nada hay más extraño a la fe que el fanatismo. La fe es de visionarios y el fanatismo de siervos. La fe es llama que enciende y el fanatismo es ceniza que apaga. La fe es una dignidad y el fanatismo es un renunciamiento. La fe es una afirmación individual de alguna verdad propia y el fanatismo es una conjura de huestes para ahogar la verdad de los demás.

Frente a la domesticación del carácter que rebaja el nivel moral de las sociedades contemporáneas, todo homenaje a los hombres de genio que impendieron su vida por la Libertad y por la Ciencia, es un acto de fe en su Porvenir: solo en ellos pueden tomarse ejemplos morales que contribuyan al perfeccionamiento de la Humanidad. Cuando alguna generación siente un hartazgo de chatura, de doblez, de servilismo, tiene que buscar en los genios de su raza los símbolos de pensamiento y de acción que la templen para nuevos esfuerzos.

Todo hombre de genio es la personificación suprema de un Ideal. Contra la mediocridad, que asedia a los espíritus originales, conviene fomentar su culto; robustece las alas nacientes. Los más altos destinos se templan en la fragua de la admiración. Poner la propia fe en algún ensueño, apasionadamente, con la más honda emoción, es ascender hacia las cumbres donde aletea la gloria. Enseñando a admirar el genio, la santidad y el heroísmo, prepáranse climas propios a su advenimiento.

Los ídolos de cien fanatismos han muerto en el curso de los siglos, y fuerza es que mueran otros venideros, implacablemente segados por el tiempo.

Hay algo humano, más duradero que la supersticiosa fantasmagoría de lo divino: el ejemplo de las altas virtudes. Los santos de la moral idealista no hacen milagros: realizan magnas obras, conciben supremas bellezas, investigan profundas verdades. Mientras existan corazones que alienten un afán de perfección, serán conmovidos por todo lo que revela fe en un Ideal: por el canto de los poetas, por el gesto de los héroes, por la virtud de los santos, por la doctrina de los sabios, por la filosofía de los pensadores.

Libros a la carta

A la carta es un servicio especializado para
empresas,
librerías,
bibliotecas,
editoriales
y centros de enseñanza;
y permite confeccionar libros que, por su formato y concepción, sirven a los propósitos más específicos de estas instituciones.

Las empresas nos encargan ediciones personalizadas para marketing editorial o para regalos institucionales. Y los interesados solicitan, a título personal, ediciones antiguas, o no disponibles en el mercado; y las acompañan con notas y comentarios críticos.

Las ediciones tienen como apoyo un libro de estilo con todo tipo de referencias sobre los criterios de tratamiento tipográfico aplicados a nuestros libros que puede ser consultado en Linkgua-ediciones.com.

Linkgua edita por encargo diferentes versiones de una misma obra con distintos tratamientos ortotipográficos (actualizaciones de carácter divulgativo de un clásico, o versiones estrictamente fieles a la edición original de referencia).

Este servicio de ediciones a la carta le permitirá, si usted se dedica a la enseñanza, tener una forma de hacer pública su interpretación de un texto y, sobre una versión digitalizada «base», usted podrá introducir interpretaciones del texto fuente. Es un tópico que los profesores denuncien en clase los desmanes de una edición, o vayan comentando errores de interpretación de un texto y esta es una solución útil a esa necesidad del mundo académico.

Asimismo publicamos de manera sistemática, en un mismo catálogo, tesis doctorales y actas de congresos académicos, que son distribuidas a través de nuestra Web.

El servicio de «libros a la carta» funciona de dos formas.

1. Tenemos un fondo de libros digitalizados que usted puede personalizar en tiradas de al menos cinco ejemplares. Estas personalizaciones pueden ser de todo tipo: añadir notas de clase para uso de un grupo de estudiantes, introducir logos corporativos para uso con fines de marketing empresarial, etc. etc.

2. Buscamos libros descatalogados de otras editoriales y los reeditamos en tiradas cortas a petición de un cliente.